Guide rapide de psychologie & de psychopathologie

Guide rapide de
psychologie et de psychopathologie
pour le praticien en hypnose
et les autres thérapeutes

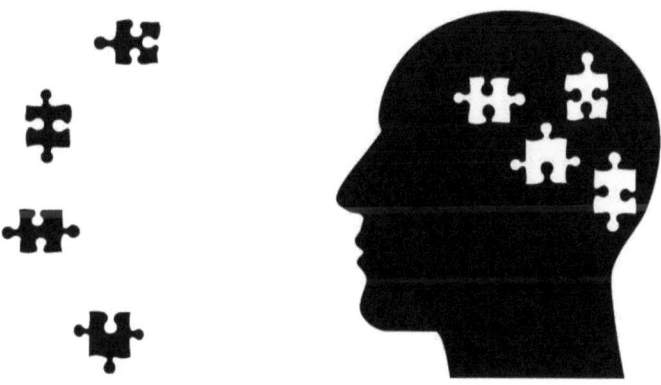

Philippe Korn

Du même auteur :

Guide rapide de confiance en soi
Guide rapide d'autohypnose
Guide rapide de petites pensées à emporter
Guide rapide pour arrêter de fumer
Guide rapide anti-stress
Guide rapide de la matrice 3S
Guide rapide de fleurs de Bach
30 scripts hypnotiques
31 scripts hypnotiques
Autohypnose, conférence 2024
Formation de technicien en hypnose ericksonienne
Formation de praticien en hypnose ericksonienne

Sommaire	
Introduction	Page 7
Le développement psychologique humain	Page 9
Neurologie et psychologie	Page 15
Théories psychanalytiques de base	Page 21
Les émotions de base	Page 31
Motivation et changement	Page 41
Les croyances limitantes	Page 55
Bases des schémas cognitifs	Page 65
Les biais cognitifs	Page 71
La mémoire et l'apprentissage	Page 81
Les processus inconscients	Page 87
Les comportements humains	Page 97
Les relations interpersonnelles	Page 103
Gestion du stress et de l'anxiété	Page 109
Psychopathologie de base	Page 121
Le DSM-5	Page 127
Les troubles de la personnalité	Page 129
Les névroses	Page 145
Les psychoses	Page 159
Les états limites	Page 183
La plasticité émotionnelle et cognitive	Page 211
Techniques de communication psychologique	Page 215
La dynamique du changement	Page 223
Comprendre la dépression	Page 235
Comprendre les troubles "dys"	Page 255
Comprendre le burn-out et le bore-out	Page 265
Comprendre les HPI et HPE	Page 273

Guide rapide de psychologie & de psychopathologie

Comprendre les troubles de l'attention	Page 279
Comprendre les mythes familiaux	Page 283
Qu'est-ce qu'un pervers narcissique ?	Page 289
Qu'est-ce qu'une personnalité toxique ?	Page 293
La psychologie populaire	Page 301
Postface	Page 377

©2025 Philippe Korn, 74520 Vulbens

Introduction

La psychologie humaine est la science qui étudie les processus mentaux, les émotions et les comportements des individus, ainsi que les interactions entre ces éléments. Elle vise à comprendre comment les êtres humains perçoivent, pensent, ressentent, apprennent, communiquent et agissent dans différents contextes.

Principaux aspects de la psychologie humaine :

1. Cognitions : étude des pensées, des perceptions, de la mémoire, de la prise de décision, et des processus intellectuels.

2. Émotions : analyse des sentiments, des états émotionnels et de leur impact sur le comportement.

3. Comportements : observation des actions des individus et des motivations qui les sous-tendent.

4. Relations sociales : exploration des interactions avec les autres, de la communication et des dynamiques interpersonnelles.

5. Développement : étude des changements psychologiques tout au long de la vie, de l'enfance à la vieillesse.

6. Santé mentale : compréhension des troubles psychologiques, de leurs causes, symptômes et traitements.

La psychologie humaine s'appuie sur des approches scientifiques, en combinant observation, expérimentation et analyse, pour approfondir ses connaissances sur les mécanismes qui influencent le fonctionnement humain. Elle s'applique à divers domaines, comme la santé, l'éducation, le travail, ou encore les relations humaines.

Un praticien en hypnose, comme tous ceux qui s'impliquent dans la relation d'aide, doit avoir une compréhension solide des rudiments de la psychologie humaine pour travailler efficacement avec les individus et leurs problématiques.

Alors, merci d'avoir choisi cet ouvrage, je vous souhaite ici un apprentissage motivant.

Philippe Korn

Cet ouvrage est une approche de base de la psychologie dans le cadre de diverses formations en thérapies complémentaires dont l'hypnose ericksonienne. Il ne se substitue pas aux interventions des psychologues, des psychothérapeutes ou des médecins et ne remplace pas une formation complète.

Les étapes du développement psychologique humain

Le développement humain est un processus complexe influencé par des interactions biologiques, psychologiques, et sociales. Il se déroule sur plusieurs étapes, chacune caractérisée par des changements spécifiques et des défis. Ces étapes ne sont pas rigides et peuvent varier en fonction des individus et des cultures. Les perturbations à chaque stade peuvent conduire à des vulnérabilités ou à des troubles qui, s'ils sont bien compris et pris en charge, peuvent être surmontés.

1. La petite enfance (0-2 ans) : les fondations du développement
Caractéristiques principales :
- Développement physique : croissance rapide, contrôle progressif des mouvements (motricité fine et globale). L'enfant apprend à tenir sa tête, ramper, marcher, et saisir des objets.
- Attachement : la formation d'un lien sécurisant avec les figures parentales est cruciale. Un attachement sécurisant favorise la confiance en soi et la capacité à explorer le monde.
- Développement cognitif : stade sensori-moteur (Piaget), où l'enfant explore le monde par ses sens et développe la permanence de l'objet (compréhension que les objets continuent d'exister même hors de vue).

Défis et perturbations :
- Troubles de l'attachement : une absence d'interaction parentale ou une instabilité émotionnelle des parents

peuvent entraîner des troubles anxieux, évitants ou ambivalents.
- Retards de développement : des difficultés motrices ou sensorielles dues à des facteurs biologiques ou environnementaux.
- Stress précoce : un environnement chaotique peut affecter le système nerveux en développement, entraînant des troubles psychosomatiques.

Interventions possibles :
- Encourager un environnement stimulant, chaleureux et sécurisé.
- Prendre en charge précocement les retards de développement.

2. La petite enfance élargie (3-6 ans) : développement de l'autonomie

Caractéristiques principales :
- Développement émotionnel : les enfants commencent à comprendre et à exprimer leurs émotions. Ils apprennent à réguler leurs frustrations.
- Pensée symbolique : l'imagination prend une place centrale. Les jeux de rôle aident à développer la créativité et les compétences sociales.
- Autonomie : l'enfant veut faire les choses lui-même (« phase du non ») et tester ses limites.

Défis et perturbations :
- Troubles du comportement : opposition excessive ou retrait social. Cela peut être lié à des limites parentales incohérentes.

- Phobies : apparition de peurs spécifiques (peur du noir, des monstres) parfois exacerbées par un environnement anxiogène.
- Retards émotionnels : difficulté à comprendre ou exprimer les émotions, souvent liée à un manque de modèles parentaux stables.

Interventions possibles :
- Offrir des activités variées pour stimuler l'imagination et l'apprentissage.
- Fournir des repères clairs et constants.

3. L'enfance scolaire (6-12 ans) : maîtrise et apprentissage

Caractéristiques principales :
- Compétences cognitives : entrée dans le stade des opérations concrètes (Piaget), où l'enfant développe la logique et commence à comprendre les concepts abstraits.
- Relations sociales : importance croissante des pairs et développement des compétences interpersonnelles.
- Estime de soi : construite sur la base des réussites académiques et sociales.

Défis et perturbations :
- Troubles de l'apprentissage : dyslexie, dyscalculie ou autres difficultés, souvent mal interprétées comme un manque de capacité ou de motivation.
- Harcèlement scolaire : peut entraîner de l'anxiété, une faible estime de soi ou des troubles dépressifs.
- Manque de motivation : lié à des échecs répétés ou à un environnement qui ne valorise pas l'apprentissage.

Interventions possibles :

- Offrir un soutien personnalisé en cas de difficulté.
- Renforcer les compétences sociales pour prévenir l'exclusion ou le harcèlement.

4. L'adolescence (12-18 ans) : la quête identitaire

Caractéristiques principales :
- Transformations biologiques : changements hormonaux, développement des fonctions reproductives, maturation du cerveau (en particulier le cortex préfrontal).
- Recherche de sens : exploration des valeurs personnelles et questionnement sur le rôle dans le monde.
- Indépendance : besoin d'autonomie et de prise de distance avec les figures d'autorité.

Défis et perturbations :
- Troubles de l'humeur : risque accru de dépression ou d'anxiété lié aux changements hormonaux et aux pressions sociales.
- Comportements à risque : consommation de substances, comportements impulsifs ou autodestructeurs.
- Troubles alimentaires : lutte avec l'image corporelle et la pression sociale.

Interventions possibles :
- Offrir un espace de dialogue ouvert et non-jugeant.
- Encourager l'engagement dans des activités valorisantes.

5. L'âge adulte émergent (18-25 ans) : transition vers l'autonomie

Caractéristiques principales :
- Prise de décision : choix de carrière, relations amoureuses et autres engagements significatifs.

- Établissement d'une identité stable : l'adulte émergent explore différentes facettes de lui-même avant de s'engager pleinement.
- Recherche d'équilibre : entre aspirations personnelles et contraintes sociales.

Défis et perturbations :
- Stress lié aux transitions : difficultés à trouver un emploi, à nouer des relations durables.
- Crise existentielle : incertitudes sur le futur ou perte de sens.
- Troubles émotionnels : dépression liée à l'isolement ou à l'échec perçu.

Interventions possibles :
- Fournir un soutien psychologique axé sur la résilience.
- Encourager l'établissement de routines équilibrées.

6. L'âge adulte (25-60 ans) : accomplissement et contribution

Caractéristiques principales :
- Développement professionnel : stabilisation de la carrière et contributions significatives à la société.
- Relations significatives : mariage, parentalité, amitiés profondes.
- Transmission : volonté d'investir dans les générations futures.

Défis et perturbations :
- Crise du milieu de vie : remise en question des choix de vie.
- Burn-out : stress professionnel chronique.
- Problèmes relationnels : divorce ou conflits familiaux.

Interventions possibles :

- Encourager l'équilibre entre travail et vie personnelle.
- Proposer des thérapies centrées sur le sens et l'accomplissement.

7. La vieillesse (60 ans et plus) : réflexion et sagesse

Caractéristiques principales :
- Transitions majeures : retraite, perte de proches, diminution des capacités physiques.
- Réflexion sur la vie : évaluation des réussites, résolution des regrets, transmission des connaissances.
- Adaptation : ajustement aux changements physiques et sociaux.

Défis et perturbations :
- Troubles cognitifs : maladies neurodégénératives comme Alzheimer.
- Isolement social : perte de réseau social, sentiment d'inutilité.
- Anxiété existentielle : peur de la mort ou du déclin.

Interventions possibles :
- Encourager la participation sociale et communautaire.
- Proposer des activités adaptées pour maintenir l'autonomie et la dignité.

Chaque étape de la vie humaine est marquée par des transitions qui peuvent générer des opportunités de croissance, mais aussi des vulnérabilités. En comprenant ces défis et les moyens de les surmonter, il est possible de favoriser un développement harmonieux et résilient tout au long de la vie.

Neurologie et psychologie

La neurologie est la branche de la médecine qui se concentre sur le système nerveux et ses dysfonctionnements. Elle couvre les troubles du cerveau, de la moelle épinière, des nerfs périphériques et des muscles. La psychologie, quant à elle, étudie le comportement humain, les processus mentaux et les émotions. Il existe une interaction très étroite entre neurologie et psychologie, car de nombreux aspects psychologiques sont influencés par des facteurs neurologiques.

1. Bases de la neurologie

Le système nerveux humain est composé de deux parties principales :
- Le système nerveux central (SNC), qui comprend le cerveau et la moelle épinière.
- Le système nerveux périphérique (SNP), qui comprend les nerfs périphériques et les ganglions qui relient le SNC au reste du corps.

Le cerveau
Le cerveau est l'organe principal du système nerveux et est responsable de la plupart des fonctions mentales et comportementales. Il est divisé en plusieurs zones, chacune ayant des fonctions spécifiques, comme la mémoire, les émotions, la motricité, etc. Il est aussi le siège de processus cognitifs complexes comme la pensée, la prise de décision, et l'apprentissage.

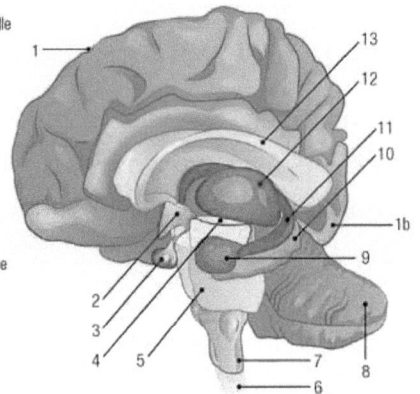

1 **Cortex Cérébral** Traitement de l'information, résolution de problèmes et planification, prise de décisions, personnalité, attention, langage, compréhension…
  • 1b **Cortex visuel** fait partie du cortex cérébral et permet la perception visuelle
2 **Hypothalamus** Régulation de l'appétit et de la production d'hormones, émotions, système de récompense…
3 **Hypophyse** Production d'hormones
4 **Mésencéphale** Mouvements, notamment des yeux, traitement de l'audition et de la vision
5 **Pont** Contrôle de la respiration, des sensations, de l'ouille, du goût, de l'équilibre
6 **Moëlle épinière** Contrôle des réflexes, transmission des messages depuis et vers le corps
7 **Bulbe rachidien** Contrôle de la respiration, du cœur et des vaisseaux
8 **Cervelet** Coordination, mouvements volontaires, équilibre, mémoire motrice
9 **Amygdale** Émotions, peur
10 **Hippocampe** Mémoire
11 **Fornix** Comportement, émotions, mémoire
12 **Thalamus** Relais entre les aires de traitement et le cortex décisionnel
13 **Corps Caleux** Lien entre les hémisphères

Les neurotransmetteurs

Les neurotransmetteurs sont des substances chimiques qui permettent la communication entre les cellules nerveuses. Des déséquilibres dans ces neurotransmetteurs peuvent être associés à divers troubles psychologiques, tels que la dépression (liée à la sérotonine et à la noradrénaline) ou l'anxiété (liée au GABA et au glutamate).

La plasticité neuronale

La plasticité neuronale désigne la capacité du cerveau à se modifier en réponse aux expériences, à l'apprentissage, et même aux blessures. Cette capacité est essentielle pour la récupération après un traumatisme cérébral, mais aussi pour le changement dans les comportements et les schémas de pensée.

2. Troubles neurologiques et leurs implications psychologiques

Les troubles neurologiques peuvent avoir une grande variété d'impacts psychologiques, allant des changements de comportement à des troubles cognitifs ou émotionnels. Voici quelques exemples :

a. Les accidents vasculaires cérébraux (AVC)

Un AVC se produit lorsque l'apport sanguin au cerveau est interrompu, entraînant la mort de cellules cérébrales. Selon la zone affectée, un AVC peut entraîner des troubles cognitifs, moteurs, et émotionnels. Par exemple, un AVC du côté droit du cerveau peut affecter les capacités de jugement, tandis qu'un AVC dans le lobe frontal peut altérer la personnalité et l'impulsivité.

Implications psychologiques : la personne peut souffrir de dépression, d'anxiété, de troubles du langage, de difficultés de mémoire ou de problèmes de contrôle des émotions.

b. La maladie de Parkinson

La maladie de Parkinson est un trouble neurodégénératif qui affecte les zones du cerveau impliquées dans le contrôle moteur. Elle se caractérise par des tremblements, des raideurs musculaires et une lenteur des mouvements.

Implications psychologiques : les personnes atteintes de la maladie de Parkinson peuvent éprouver des troubles de l'humeur, comme la dépression ou l'anxiété. Les symptômes moteurs peuvent aussi affecter la perception de soi et la qualité de vie.

c. Les lésions cérébrales traumatiques (traumatismes crâniens)

Les traumatismes crâniens peuvent entraîner des lésions à différentes régions du cerveau, affectant la cognition, la mémoire, la prise de décision et la régulation émotionnelle.
Implications psychologiques : ces lésions peuvent entraîner des troubles de la mémoire, des changements de personnalité, une impulsivité accrue, des troubles du sommeil, ainsi qu'une dépression ou une anxiété. Le comportement impulsif, la difficulté à gérer la frustration et les problèmes de contrôle des émotions sont fréquents.

d. La sclérose en plaques (SEP)
La SEP est une maladie auto-immune qui affecte le système nerveux central en attaquant la myéline (la gaine protectrice des neurones). Elle entraîne une dégradation progressive de la communication entre les neurones.
Implications psychologiques : la SEP peut provoquer des symptômes dépressifs, des troubles cognitifs, de l'anxiété et des difficultés sociales. La fatigue chronique et l'incertitude quant à l'évolution de la maladie peuvent aggraver ces symptômes.

e. Les troubles neurodéveloppementaux
Des troubles comme l'autisme ou le TDAH (trouble du déficit de l'attention avec ou sans hyperactivité) ont des bases neurologiques et sont souvent associés à des comportements et à des difficultés émotionnelles.
Implications psychologiques : l'autisme peut entraîner des difficultés dans les interactions sociales, tandis que le TDAH est souvent lié à des problèmes d'attention, de contrôle des impulsions, et à des comportements d'agitation. Ces troubles

peuvent engendrer de la frustration, de l'anxiété et des problèmes d'estime de soi.

3. Les liens entre neurologie et psychologie

Les troubles neurologiques ont souvent des implications profondes sur la psychologie d'un individu. Par exemple, une lésion cérébrale peut altérer la manière dont une personne perçoit le monde, gère ses émotions ou interagit avec les autres. Les processus cognitifs tels que la mémoire, la prise de décision et le raisonnement peuvent être affectés.

De même, des troubles psychologiques comme la dépression ou l'anxiété peuvent avoir des bases neurologiques. Les déséquilibres chimiques, comme ceux observés dans les neurotransmetteurs, peuvent jouer un rôle dans l'apparition de ces troubles, d'où l'importance de traiter ces dysfonctionnements à la fois d'un point de vue psychologique et neurologique.

4. Traitements neurologiques et psychologiques

Les traitements pour les troubles neurologiques sont généralement médicaux et peuvent inclure des médicaments, des thérapies physiques, de réadaptation ou des chirurgies. Toutefois, l'approche psychologique est tout aussi importante, en particulier pour aider les patients à gérer les conséquences psychologiques des troubles neurologiques, telles que la dépression, l'anxiété, et les changements de personnalité.

a. Traitements neurologiques

- Médicaments : pour traiter les déséquilibres des neurotransmetteurs, les troubles moteurs, ou les symptômes associés (par exemple, les antipsychotiques, les

antidépresseurs, les médicaments pour la maladie de Parkinson).
- Rééducation et réadaptation : thérapies physiques et occupationnelles pour aider à récupérer les fonctions motrices et cognitives.

b. Traitements psychologiques
- Psychothérapie : la thérapie cognitive-comportementale (TCC) est souvent utilisée pour traiter des troubles comme la dépression ou l'anxiété. La psychothérapie aide à gérer les impacts psychologiques des troubles neurologiques.
- Hypnose et relaxation : ces approches peuvent aider à réduire le stress, la douleur chronique et à améliorer la gestion des émotions.

La neurologie et la psychologie sont étroitement liées, car de nombreux troubles neurologiques affectent directement la psychologie d'une personne. Les dysfonctionnements neurologiques peuvent avoir des impacts profonds sur les émotions, les comportements et les processus cognitifs, et des troubles psychologiques peuvent aussi avoir des bases neurologiques. Un traitement efficace prend souvent en compte les deux aspects, en associant les soins médicaux neurologiques et les interventions psychologiques pour offrir un soutien complet aux individus affectés.

Théories psychanalytiques de base

La psychanalyse est une approche thérapeutique développée par Sigmund Freud à la fin du 19e siècle et qui repose sur l'exploration de l'inconscient et des processus mentaux qui échappent à la conscience immédiate. Les théories psychanalytiques ont évolué au fil du temps, mais plusieurs idées fondamentales de Freud ont façonné la psychologie moderne. Voici les principales théories de la psychanalyse :

1. La théorie de l'inconscient
- Principes : selon Freud, l'inconscient joue un rôle fondamental dans la vie psychique. Il contient des pensées, des désirs et des souvenirs refoulés que l'individu ne peut pas percevoir consciemment, mais qui influencent son comportement, ses émotions et ses relations.
- Fonction : les contenus inconscients sont souvent refoulés, car ils sont perçus comme menaçant, honteux ou inacceptables. Cependant, ces pensées et désirs réprimés peuvent se manifester à travers des symptômes, des rêves, des lapsus, des actes manqués, et des troubles psychologiques.
- Traitement : l'une des fonctions clés de la psychanalyse est d'amener les patients à accéder à l'inconscient, notamment via l'association libre, les rêves ou l'interprétation des symptômes.

2. Les stades de développement psychosexuel
- Principes : Freud a proposé que le développement humain se déroule en plusieurs stades, chacun étant associé à une zone érogène particulière du corps. Il a décrit cinq stades : oral, anal, phallique, de latence, et génital.
- Fixations et régressions : selon Freud, des traumatismes ou des conflits non résolus à un stade donné peuvent mener à des fixations (stagnation dans un stade de développement) ou à des régressions (retour à un stade antérieur) qui influencent le comportement de l'adulte. Par exemple, une fixation au stade oral pourrait se manifester par un comportement compulsif, comme fumer ou manger excessivement.
    - Oral (0-18 mois) : le plaisir est centré sur la bouche (succion, alimentation).
    - Anal (18 mois-3 ans) : le plaisir est centré sur le contrôle des sphincters et la propreté.
    - Phallique (3-6 ans) : le plaisir est centré sur les organes génitaux, et se développe un intérêt pour les différences entre les sexes.
    - Latence (6-12 ans) : les pulsions sexuelles sont en sommeil, et l'énergie se concentre sur le développement social et intellectuel.
    - Génital (12 ans et plus) : la sexualité adulte mature se développe, associée à la capacité de former des relations intimes.

3. Le modèle topographique de l'esprit
- Principes : Freud a divisé l'esprit en trois instances principales :
    - Le conscient : ce dont nous sommes pleinement conscients à tout moment.
    - Le préconscient : ce qui est hors de la conscience immédiate mais facilement accessible (souvenirs, informations).
    - L'inconscient : ce qui est refoulé et inaccessible à la conscience, mais qui influence nos actions et pensées.

Ces trois zones interagissent constamment. Par exemple, une pensée refoulée peut affecter la conscience et se manifester sous forme de symptômes ou de rêves.

4. Le modèle structural de la personnalité
- Principes : Freud a introduit un modèle en trois parties pour décrire la structure de la personnalité humaine : le Ça, le Moi et le Surmoi.
    - Le Ça : partie instinctive et inconsciente de la personnalité, il est régi par le principe de plaisir, cherchant la satisfaction immédiate des désirs et besoins.
    - Le Moi : partie rationnelle et consciente de l'esprit, il se développe pour gérer les réalités de la vie quotidienne. Le Moi est régi par le principe de réalité et cherche à équilibrer les désirs du Ça avec les contraintes du monde extérieur.

- Le Surmoi : partie morale et consciente de la personnalité, qui intériorise les normes sociales, les valeurs parentales et la conscience morale. Il guide le Moi dans l'éthique et la moralité.

5. Les mécanismes de défense
   - Principes : les mécanismes de défense sont des stratégies inconscientes utilisées par l'individu pour faire face à l'anxiété, au conflit interne ou aux sentiments de culpabilité. Ces mécanismes permettent de réduire l'angoisse en distordant la réalité.
   - Exemples :
     - Refoulement : exclure de la conscience des pensées ou souvenirs menaçant.
     - Projection : attribuer à autrui des pensées ou sentiments inacceptables.
     - Rationalisation : justifier un comportement ou un sentiment avec des raisons logiques, même si elles ne sont pas la véritable motivation.
     - Régression : retour à un stade de développement antérieur, par exemple, se comporter de manière enfantine.
     - Déni : refuser d'accepter une réalité douloureuse.

6. L'importance des rêves
   - Principes : Freud considérait les rêves comme la "voie royale vers l'inconscient". Les rêves sont interprétés comme une manière par laquelle le psychisme tente de résoudre les conflits internes.

- Contenu manifeste : ce que nous nous souvenons consciemment du rêve.
- Contenu latent : les significations inconscientes sous-jacentes, souvent liées à des désirs refoulés ou des conflits internes.

7. La psychanalyse et le transfert
- Principes : le transfert se produit lorsque le patient projette des sentiments, des attentes ou des fantasmes issus de ses relations passées sur le thérapeute. Cela peut inclure des sentiments de désir, de colère, ou d'attachement. Freud a utilisé le transfert pour aider les patients à comprendre et à travailler à travers leurs conflits internes.
- Contre-transfert : il s'agit de la réaction émotionnelle du thérapeute face au patient, qui peut être consciente ou inconsciente. Le contre-transfert peut aussi être utilisé pour mieux comprendre le patient.

8. Les pulsions de vie et de mort (Eros et Thanatos)
- Principes : Freud a formulé la théorie des deux pulsions fondamentales : Eros (la pulsion de vie) et Thanatos (la pulsion de mort).
    - Eros est la pulsion qui pousse l'individu à rechercher la vie, à créer des relations et à préserver la survie.
    - Thanatos représente la pulsion vers la destruction, l'agression et parfois même la mort. Freud a suggéré que la tension entre ces deux forces est un aspect fondamental de l'existence humaine.

La psychanalyse repose sur une compréhension complexe et dynamique de la psyché humaine, qui cherche à explorer et à comprendre les influences de l'inconscient, les conflits internes, les pulsions et les mécanismes de défense. Les théories freudiennes ont été largement critiquées et ont évolué avec le temps, mais elles ont eu une influence durable sur la psychologie, notamment dans le domaine des thérapies psychodynamiques et des approches contemporaines.

Le complexe d'Œdipe et le complexe d'Électre sont des concepts clés de la théorie psychanalytique freudienne qui concernent les stades de développement psychosexuel des enfants. Ces complexes sont liés à des désirs inconscients et des conflits émotionnels qui émergent au cours de l'enfance, en particulier entre 3 et 6 ans, pendant le stade phallique du développement.

1. Le complexe d'Œdipe
- Le complexe d'Œdipe désigne un ensemble de sentiments et de désirs inconscients que l'enfant éprouve pour le parent de sexe opposé et l'hostilité envers le parent du même sexe. Le terme « Œdipe » fait référence à un personnage mythologique grec qui tue son père et épouse sa mère sans le savoir. Freud a utilisé cette référence pour décrire un conflit psychologique dans lequel l'enfant ressent une attirance pour le parent de sexe opposé et, en même temps, une rivalité avec le parent du même sexe.
- Phases :

- - L'enfant se sent attiré par le parent du sexe opposé (désir de possession du parent et fantasme de remplacement du parent du même sexe).
  - Le parent du même sexe est perçu comme un rival et un obstacle au désir de l'enfant.
  - La résolution du complexe d'Œdipe se produit lorsqu'il y a une identification avec le parent du même sexe, ce qui permet à l'enfant de surmonter cette rivalité et de développer des relations sociales et sexuelles appropriées plus tard dans la vie.
- Conséquences d'une fixation : si l'Œdipe n'est pas résolu de manière adéquate, l'enfant peut développer des problèmes psychologiques, tels que des difficultés dans les relations amoureuses adultes, des conflits d'identité sexuelle, ou un manque de confiance en soi.

2. Le complexe d'Électre
- Le complexe d'Électre est l'équivalent féminin du complexe d'Œdipe, mais il a été proposé plus tard par la psychanalyste Carl Jung (l'un des disciples de Freud). Le complexe d'Électre concerne la phase de développement des filles, qui éprouvent une attirance pour leur père et perçoivent leur mère comme une rivale. Le terme « Électre » vient également de la mythologie grecque, où la fille d'Agamemnon et Clytemnestre nourrit un désir inconscient de tuer sa mère et d'épouser son père.

- Phases :
    - La petite fille développe un désir de proximité avec son père et peut ressentir des sentiments de jalousie envers sa mère, la percevant comme un obstacle à sa relation avec son père.
    - La résolution du complexe d'Électre se fait de manière similaire à celle du complexe d'Œdipe, lorsque l'enfant, en grandissant, s'identifie à sa mère et accepte les rôles et comportements sexuels appropriés.
- Conséquences d'une fixation : si le complexe d'Électre est mal résolu, il peut mener à des difficultés dans les relations amoureuses, à des tensions familiales, et à une identité sexuelle mal définie.

3. L'importance du complexe d'Œdipe et d'Électre dans le développement

Les complexes d'Œdipe et d'Électre sont des étapes cruciales dans le développement de l'enfant, car ils permettent de :

- Renforcer l'identité sexuelle : en surmontant ces complexes, l'enfant commence à comprendre son propre sexe et à intégrer des modèles de comportement socialement acceptés.
- Favoriser l'internalisation des normes sociales : l'identification avec le parent du même sexe conduit l'enfant à adopter des comportements et des valeurs spécifiques à ce sexe, facilitant ainsi son intégration dans la société.
- Établir des relations avec l'autre sexe : en surmontant ces désirs et rivalités, l'enfant apprend à interagir avec les

autres de manière saine, ce qui a un impact sur les relations amoureuses futures.

4. Critiques et développement post-Freudien
Bien que le complexe d'Œdipe ait exercé une influence majeure sur la psychanalyse et la psychologie en général, il a aussi été largement critiqué. Certains psychanalystes et psychologues modernes estiment que la théorie d'Œdipe est trop centrée sur la sexualité et ignore les aspects relationnels et culturels de l'enfance.

- Jung et d'autres psychanalystes ont nuancé ces théories, apportant des modifications à l'interprétation de ces complexes et en mettant l'accent sur d'autres aspects du développement psychologique.
- Les théories féministes ont également mis en lumière la manière dont les concepts d'Œdipe et d'Électre renforcent les rôles de genre traditionnels et les stéréotypes de sexe.

5. La résolution des complexes dans la psychanalyse
Lorsqu'un individu consulte un psychanalyste ou un thérapeute, les thérapies psychanalytiques peuvent se concentrer sur la résolution des conflits liés au complexe d'Œdipe ou d'Électre. L'objectif est d'aider la personne à surmonter ces rivalités inconscientes et à mieux comprendre ses relations avec ses parents et l'impact de ces relations sur ses choix de vie et ses comportements adultes.
En résumé, le complexe d'Œdipe et le complexe d'Électre sont des concepts clés de la psychanalyse qui permettent d'expliquer certains comportements humains, notamment la dynamique familiale et la formation de l'identité sexuelle et sociale. Cependant,

ces théories ont été largement discutées et réinterprétées au fil du temps, en particulier dans les théories post-freudiennes.

Les émotions de base

Les émotions de base ont été identifiées et théorisées à travers l'histoire de la psychologie grâce aux travaux de plusieurs chercheurs. Voici un résumé des origines et des contributions majeures à leur identification :

1. Origines historiques
- Philosophes anciens : Aristote (IVe siècle av. J.-C.) et les stoïciens ont été parmi les premiers à examiner les émotions comme des réponses aux perceptions et aux pensées humaines.
- Charles Darwin : dans son livre *The Expression of the Emotions in Man and Animals* (1872), Darwin a étudié les expressions émotionnelles comme des traits universels, soulignant leur rôle adaptatif pour la survie.

2. Théorisation moderne des émotions de base
Paul Ekman : le pionnier des émotions universelles
- Qui ? Paul Ekman est un psychologue américain qui a mené des recherches approfondies sur les expressions faciales et les émotions.
- Quand ? Dans les années 1960 et 1970.
- Quoi ? Il a identifié six émotions de base universelles en étudiant des cultures du monde entier, notamment des tribus isolées de Papouasie-Nouvelle-Guinée :
    Joie   Tristesse   Peur   Colère   Dégoût   Surprise

- Méthode :
    - Ekman a montré des photographies de visages exprimant des émotions à des individus de différentes cultures.
    - Les réponses convergentes ont confirmé que ces émotions étaient universelles et indépendantes de l'apprentissage culturel.

Robert Plutchik : la roue des émotions

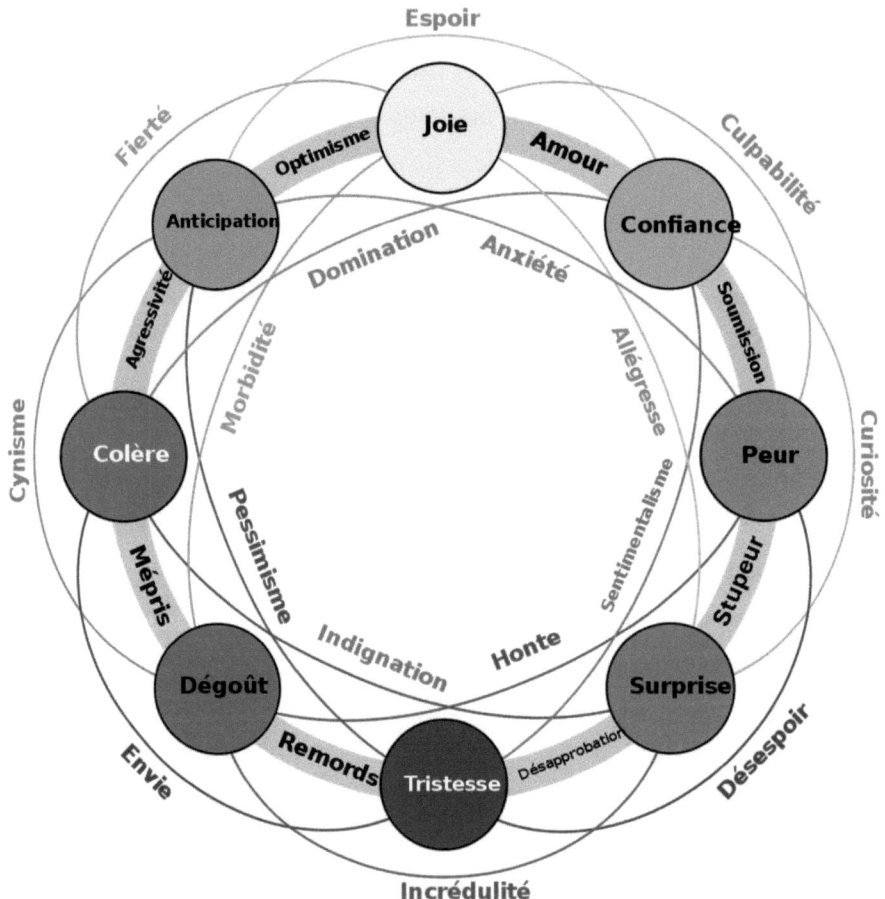

- Qui ? Robert Plutchik, psychologue américain, a élargi le concept d'émotions de base.
- Quand ? Années 1980.
- Quoi ? Il a proposé un modèle de *roue des émotions*, qui inclut huit émotions de base et leurs combinaisons :
    - Joie, tristesse, colère, peur, dégoût, surprise, confiance, anticipation.
    - Selon lui, ces émotions interagissent pour former des émotions complexes (ex. : Joie + Confiance = Amour).

- Approche biologique : Plutchik voyait les émotions comme des mécanismes évolutifs de survie, chaque émotion répondant à un défi spécifique :
    - Colère → protection.
    - Peur → sécurité.
    - Joie → reproduction.
    - Tristesse → réintégration sociale.
    - Dégoût → rejet de toxines.
    - Surprise → orientation.

Antonio Damasio : les émotions et le cerveau
- Qui ? Antonio Damasio, neuroscientifique et neurologue.
- Quand ? Années 1990.
- Quoi ? Dans ses ouvrages (*L'Erreur de Descartes*), il a exploré le rôle des émotions comme des signaux corporels permettant de guider la prise de décision.
- Contribution :

- Les émotions sont ancrées dans des circuits cérébraux précis.
- Il a différencié émotions (réactions automatiques) et sentiments (expériences conscientes des émotions).

Joseph LeDoux : l'amygdale et les émotions
- Qui ? Joseph LeDoux, neuroscientifique américain.
- Quand ? Années 1990-2000.
- Quoi ? Il a étudié les mécanismes cérébraux de la peur.
- Contribution :
    - L'amygdale est un centre clé pour détecter les menaces et déclencher des réponses émotionnelles rapides.
    - Cela a permis de mieux comprendre la peur et l'anxiété.

3. Controverses et extensions
- Ajouts aux émotions de base : certains chercheurs, comme Plutchik, ont ajouté des émotions telles que la confiance ou l'anticipation.
- Critiques : certains pensent que les émotions ne sont pas aussi universelles qu'Ekman l'a affirmé. Elles peuvent être influencées par des contextes culturels.
- Émotions sociales complexes : amour, culpabilité, honte, fierté. Ces émotions résultent souvent de combinaisons d'émotions de base et de contextes sociaux.

Les émotions de base ont été identifiées grâce à une combinaison de recherches biologiques, psychologiques et anthropologiques.

Ces travaux ont jeté les bases pour comprendre comment les émotions influencent nos comportements et comment elles peuvent être utilisées dans des approches thérapeutiques comme l'hypnose ou la PNL.

Les émotions de base sont universelles et fondamentales dans la vie humaine. Elles jouent un rôle crucial dans notre survie, nos interactions sociales et notre bien-être. Voici une analyse détaillée :

1. Joie
- Origine : associée à des expériences positives comme le succès, l'amour ou les moments plaisants. Évolutivement, elle est liée à la récompense et au renforcement des comportements bénéfiques.
- Rôle : favoriser les relations sociales, renforcer les comportements qui apportent du bien-être, et inciter à répéter des actions satisfaisantes.
- Reconnaissance :
  - Verbal : « Je suis tellement heureux ! »
  - Non-verbal : sourire, éclat de rire, posture ouverte, yeux pétillants.
- Régulation :
  - Amplification : partager la joie avec les autres.
  - Rééquilibrage : si la joie devient excessive (euphorie), se recentrer avec des pratiques comme la pleine conscience.

2. Tristesse
- Origine : réaction à une perte, une déception, ou un événement douloureux. Elle signale un besoin de réévaluer ou de se reconstruire.
- Rôle : favoriser l'introspection, <u>signaler aux autres un besoin de soutien</u>, et permettre le deuil ou la récupération émotionnelle.
- Reconnaissance :
    - Verbal : « Je me sens vidé… »
    - Non-verbal : larmes, posture affaissée, regard fuyant.
- Régulation :
    - Acceptation : reconnaître la tristesse comme une émotion normale.
    - Sortie progressive : faire des activités agréables, discuter avec des proches.

3. Peur
- Origine : résulte de menaces perçues, <u>réelles ou anticipées</u>. Liée à des zones cérébrales comme l'amygdale, elle est essentielle à la survie.
- Rôle : déclencher une réponse de lutte, fuite ou immobilisation pour protéger face à un danger.
- Reconnaissance :
    - Verbal : « Je me sens en danger. »
    - Non-verbal : tension musculaire, regard fuyant, sueurs, respiration rapide.

- Régulation :
    - Apaisement immédiat : exercices de respiration, relaxation musculaire.
    - Réduction à long terme : thérapie d'exposition pour les peurs irrationnelles, restructuration cognitive.

4. Colère

- Origine : résulte d'un sentiment d'injustice, d'obstacle ou de frustration. Évolutivement, elle aide à se défendre ou à rétablir l'équilibre.
- Rôle : motiver à l'action, défendre ses limites, <u>signaler un besoin de changement</u>.
- Reconnaissance :
    - Verbal : « Ce n'est pas juste ! »
    - Non-verbal : ton agressif, mâchoire serrée, gestes brusques, rougeur.
- Régulation :
    - Défoulement contrôlé : écrire ou faire de l'exercice physique.
    - Recadrage : repenser la situation avec objectivité pour réduire l'intensité.

5. Surprise

- Origine : émergence rapide en réponse à un événement inattendu.
- Rôle : focaliser l'attention et mobiliser des ressources cognitives pour traiter l'événement.
- Reconnaissance :
    - Verbal : « Je ne m'y attendais pas ! »

- Non verbal : sourcils relevés, bouche ouverte, immobilité temporaire.
- Régulation :
  - Acceptation rapide : une fois la surprise passée, intégrer l'événement.
  - Préparation mentale : anticiper les imprévus peut réduire l'effet de surprise.

6. Dégoût
- Origine : réaction à des stimuli répulsifs, tels que la nourriture avariée ou des comportements moralement inacceptables.
- Rôle : protéger le corps et l'esprit des éléments nuisibles.
- Reconnaissance :
  - Verbal : « C'est répugnant ! »
  - Non-verbal : grimaces, recul, nez plissé.
- Régulation :
  - Rationalisation : comprendre l'origine du dégoût (par exemple, une phobie sociale).
  - Désensibilisation : par une exposition progressive.

Origines biologiques des émotions
- Cerveau limbique : inclut l'amygdale (réactions rapides, peur) et l'hippocampe (mémoire émotionnelle).
- Système nerveux autonome : contrôle les réponses physiques, comme l'accélération cardiaque ou la sudation.
- Neurotransmetteurs : la dopamine (joie), la sérotonine (bien-être), et le cortisol (stress) influencent directement les émotions.

Régulation des émotions : techniques pratiques
1. Respiration consciente : inspirer lentement et profondément pour calmer le système nerveux.
2. Reformulation cognitive : remettre en question les pensées associées à une émotion négative.
3. Ancrage positif : associer une émotion agréable à un geste ou une image mentale.
4. Techniques d'exposition : faire face progressivement aux déclencheurs émotionnels.
5. Pleine conscience : observer les émotions sans les juger ni chercher à les modifier.
6. Expression artistique : dessin, écriture ou musique pour extérioriser des émotions difficiles.

Motivation et changement

1. Théories de la motivation

La motivation désigne les processus qui incitent une personne à agir pour atteindre un objectif. Différentes théories expliquent ce phénomène :

a) Les besoins fondamentaux de Maslow
- Pyramide des besoins : Abraham Maslow a proposé une hiérarchie des besoins humains qui influencent la motivation. Les besoins doivent être satisfaits dans l'ordre suivant :

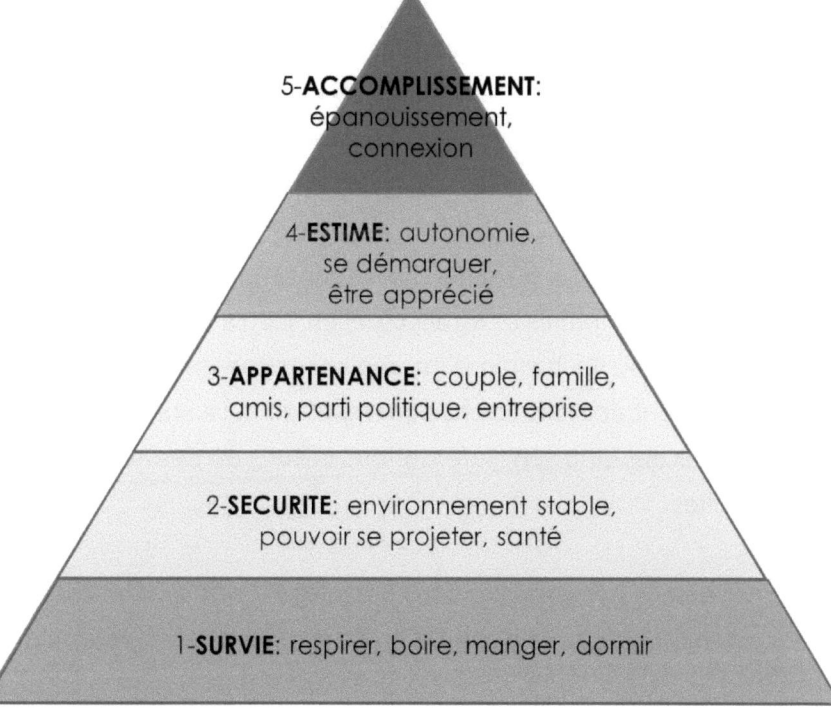

1. Besoins physiologiques : nourriture, eau, sommeil.
2. Besoins de sécurité : logement, stabilité, santé.
3. Besoins sociaux : amour, appartenance, amitié.
4. Besoins d'estime : reconnaissance, confiance en soi.
5. Besoins d'accomplissement : réaliser son potentiel.

- Application au changement : comprendre où se situe une personne dans cette hiérarchie permet d'identifier ce qui la motive ou freine son changement.

Selon Eric Berne, le fondateur de l'analyse transactionnelle, les besoins humains fondamentaux sont des besoins psychologiques et relationnels essentiels à l'équilibre et au bien-être d'un individu. Berne a mis en évidence trois grands besoins fondamentaux, souvent appelés faims psychologiques, qui influencent nos comportements et nos interactions sociales :

1. Le besoin de stimulation (ou faim de stimuli)
Ce besoin correspond à la recherche de sensations et d'expériences physiques, émotionnelles et intellectuelles. L'être humain est un être de sensation : il a besoin d'interagir avec son environnement pour rester mentalement et physiquement actif. La stimulation peut provenir des cinq sens, d'émotions vécues ou des activités intellectuelles.
Origine
- Ce besoin est enraciné dans la biologie : dès la naissance, le cerveau humain a besoin d'être activé pour se développer.

- Les enfants, par exemple, recherchent constamment des stimuli pour apprendre et grandir (exploration, interactions, jeux).

Exemples concrets
- Physiques : caresses, mouvement, chaleur, alimentation.
- Émotionnels : ressentir de l'amour, de la joie ou même de la peur (stimulations fortes).
- Intellectuels : résoudre des problèmes, découvrir de nouvelles idées.

Conséquences d'un manque de stimuli
- Court terme : ennui, apathie, manque de motivation.
- Long terme : risque de dépression, comportements autodestructeurs ou compulsifs pour combler le vide.

Implications pratiques
- Les activités quotidiennes doivent inclure une variété de stimuli pour éviter l'ennui ou le désengagement.
- En thérapie, un manque de stimuli peut être exploré pour comprendre des états d'apathie ou des comportements compulsifs (par exemple, addictions).

2. Le besoin de reconnaissance (ou faim de signes de reconnaissance)
La reconnaissance est une validation de l'existence de l'individu par autrui. Cela va au-delà de simples compliments ou de marques d'affection : il s'agit d'être vu, entendu et reconnu comme un être ayant une valeur intrinsèque.

Origine
- Ce besoin est inscrit dans l'histoire de l'humanité : les sociétés se construisent autour d'interactions sociales où les individus se valident mutuellement.
- Chez le nourrisson, les signes de reconnaissance (sourires, paroles, câlins) sont essentiels pour le développement émotionnel.

Types de reconnaissance
- Positive : compliments, encouragements, affection, reconnaissance des efforts.
- Négative : critiques, disputes, confrontations (même négative, la reconnaissance comble le besoin).

Exemples concrets
- Un enfant qui montre fièrement un dessin à ses parents attend des félicitations (positive).
- Un employé cherche à être reconnu pour son travail par son manager.
- Une personne en colère peut provoquer un conflit pour obtenir une forme de reconnaissance.

Conséquences d'un manque de reconnaissance
- Sentiment d'invisibilité ou d'inutilité.
- Recherche désespérée de validation, parfois par des comportements destructeurs.
- Isolement social ou surinvestissement dans des relations.

Implications pratiques
- En thérapie, il est important de fournir des signes de reconnaissance pour renforcer la confiance du client.
- Les dysfonctionnements dans les relations (par exemple, la dépendance affective) sont souvent liés à une quête de reconnaissance mal satisfaite.

3. Le besoin de structure (ou faim de structure)
Ce besoin est lié à la nécessité de structurer son temps, son environnement, ses activités et ses relations. Une organisation du temps permet à l'individu de donner un sens à ses expériences et d'éviter l'anxiété liée au chaos ou à l'incertitude.

Origine
- Ce besoin découle de la manière dont le cerveau humain cherche à organiser l'information pour réduire la charge cognitive.
- Les routines et les rituels sociaux (travail, repas, loisirs) apportent un cadre sécurisant dès l'enfance.

Exemples concrets
- Planifier une journée ou suivre un emploi du temps.
- Participer à des rituels sociaux (fêtes, réunions familiales).
- Trouver un équilibre entre travail, vie personnelle et loisirs.
- Pouvoir refuser une sollicitation.

Conséquences d'un manque de structure
- Confusion et stress liés à l'incertitude.
- Difficulté à se concentrer ou à prendre des décisions.
- Sentiment de perte de contrôle sur sa vie.

Implications pratiques
- La structuration du temps est essentielle dans la gestion du stress ou des troubles anxieux.
- En analyse transactionnelle, les *jeux psychologiques* sont parfois une manière inconsciente de structurer les relations.

Les trois besoins fondamentaux sont étroitement liés :
- Une absence de structure peut entraîner un manque de stimuli et affecter les signes de reconnaissance.
- Une stimulation excessive (comme le stress) peut submerger les besoins de reconnaissance ou désorganiser la structure.
- Les signes de reconnaissance, quand ils sont négatifs ou absents, peuvent mener à des comportements visant à combler les autres besoins de manière dysfonctionnelle.

Comparaison avec d'autres théories psychologiques
1. Pyramide de Maslow :
    - Les besoins de stimulation et de reconnaissance se rapprochent des niveaux de base (besoins physiologiques et sécurité) et des niveaux supérieurs (appartenance et estime de soi).

2. Théories comportementales :
    - Les comportements humains, même dysfonctionnels, peuvent être vus comme des tentatives de satisfaire ces besoins.

3. Psychologie positive :
   - La recherche d'une vie significative (structure) et la valorisation des relations humaines (reconnaissance) sont au cœur des interventions positives.

Applications en hypnose et en thérapie
1. Hypnose :
   - Permet de restructurer des pensées et émotions pour satisfaire ces besoins de manière positive (par exemple, visualisation pour combler un manque de reconnaissance).
   - Apporte une forme de stimulation cognitive et émotionnelle pour éviter l'apathie.

2. Thérapie de soutien :
   - Fournir des signes de reconnaissance explicites (écoute active, validation).
   - Aider à développer des routines et des cadres sécurisants pour structurer la vie du client.

3. Coaching :
   - Identifier les sources de satisfaction des besoins et éliminer les comportements compensatoires.

Ces besoins fondamentaux expliquent une grande partie des comportements humains et des dysfonctionnements, ce qui en fait des piliers centraux en psychologie et en psychothérapie.

Interaction avec l'analyse transactionnelle
Ces besoins fondamentaux influencent les transactions entre individus, c'est-à-dire leurs interactions verbales et non-verbales. L'analyse transactionnelle étudie comment les personnes cherchent à satisfaire ces besoins dans leurs relations, parfois de manière saine, parfois à travers des jeux psychologiques ou des relations dysfonctionnelles.

Liens avec la psychologie
Les besoins identifiés par Berne résonnent avec d'autres modèles psychologiques, notamment la pyramide de Maslow, qui met également en avant l'importance des besoins sociaux, de reconnaissance et d'auto-actualisation. Chez Berne, cependant, l'accent est mis sur les interactions sociales et l'importance des transactions pour nourrir ces besoins.

---

b) Motivation intrinsèque et extrinsèque
- Motivation intrinsèque : provoquée par un intérêt ou un plaisir intrinsèque. Exemples : apprendre par curiosité, entreprendre une action par passion.
    - Plus durable, favorise l'autonomie et le bien-être.
- Motivation extrinsèque : résulte de pressions ou récompenses externes. Exemples : argent, reconnaissance sociale, éviter une sanction.
    - Moins durable, mais utile pour initier un changement.

c) Autres théories clés
- Théorie de l'autodétermination (Deci et Ryan) : la motivation augmente lorsque les besoins fondamentaux d'autonomie, de compétence et de relation sont satisfaits.
- Théorie des attentes (Vroom) : la motivation dépend de trois facteurs :
    1. Expectation : croyance que l'effort mènera au succès.
    2. Instrumentalité : croyance que le succès entraînera une récompense.
    3. Valence : valeur accordée à la récompense.

2. Facteurs de blocage

Les obstacles à la motivation et au changement sont nombreux et doivent être surmontés pour progresser.

a) Procrastination
- Reporter des actions importantes au profit de tâches moins prioritaires.
- Causes : peur de l'échec, perfectionnisme, manque de clarté sur les objectifs.
- Solutions : techniques comme la méthode Pomodoro, fractionner les tâches, utiliser des échéances précises.

La matrice d'Eisenhower est un outil d'analyse et de gestion du temps qui permet de classer les tâches à faire en fonction de leur urgence ainsi que de leur importance. Elle a été conçue d'après une citation de Dwight D. Eisenhower.

Cette matrice est un tableau à double entrée[1] :
- Axe horizontal : urgence des tâches
- Axe vertical : importance des tâches

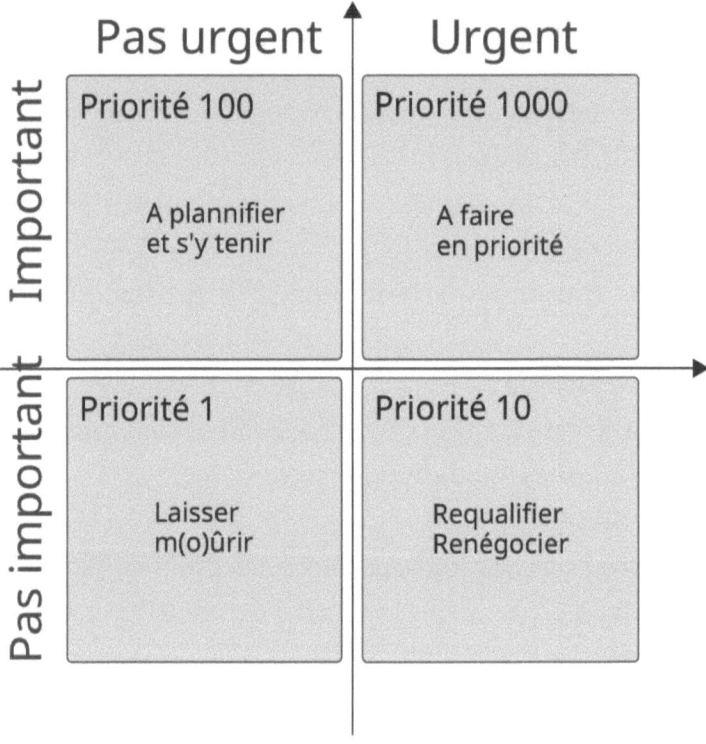

La matrice comprend donc quatre zones :
- Activités importantes et urgentes, tâches à exécuter immédiatement et soi-même
- Activités importantes mais peu urgentes, tâches à planifier et exécuter soi-même

---

[1] Source Wikipedia

- Activités urgentes mais peu importantes, tâches à déléguer rapidement
- Activités peu urgentes et peu importantes, tâches inutiles à abandonner

---

b) Peurs
- Peur de l'échec : empêche de prendre des risques.
- Peur du succès : peut amener des responsabilités nouvelles ou des attentes accrues.
- Peur de l'inconnu : résistance au changement par manque de contrôle perçu.
- Approches thérapeutiques : recadrage des peurs, hypnose, PNL.

c) Croyances limitantes
- Idées profondément ancrées qui restreignent les capacités d'une personne. Exemple : "Je ne suis pas capable de réussir."
- Stratégies :
    - Identifier et confronter ces croyances.
    - Utiliser des affirmations positives pour les remplacer.
    - Explorer l'origine de ces croyances avec des approches comme la PNL ou la thérapie cognitive.

3. Cycle du changement

Inspiré du modèle transthéorique de Prochaska et DiClemente, le cycle du changement décrit les étapes traversées lors de toute transformation personnelle :

1. Pré-contemplation :
   - La personne n'envisage pas de changer. Elle peut être dans le déni ou ne pas voir le problème.
   - Rôle du praticien : susciter la prise de conscience.

2. Contemplation :
   - La personne reconnaît le besoin de changer, mais hésite encore.
   - Rôle du praticien : explorer les avantages et inconvénients du changement.

3. Préparation :
   - La personne planifie activement le changement.
   - Rôle du praticien : fixer des objectifs clairs et réalistes.

4. Action :
   - Des mesures concrètes sont prises pour modifier le comportement.
   - Rôle du praticien : encourager et renforcer les efforts.

5. Maintien :
   - La personne maintient son changement dans le temps.

- Rôle du praticien : prévenir les rechutes, consolider les nouvelles habitudes.

4. Renforcement des ressources

Pour aider une personne à se motiver et à changer, il est crucial de mobiliser ses ressources internes.

a) Identifier les forces internes
- Qualités personnelles : résilience, créativité, persévérance.
- Expériences passées : succès antérieurs qui montrent la capacité à réussir.

b) Techniques pour renforcer les ressources
- Visualisation : imaginer le futur souhaité pour renforcer l'engagement.
- Auto-ancrage (PNL) : associer un état émotionnel positif à un geste ou mot pour s'y reconnecter.
- Mindfulness (pleine conscience) : favorise la gestion des émotions et l'acceptation des défis.
- Discours positif : transformer le dialogue intérieur négatif en affirmations motivantes.

c) Rôles des ressources externes
- Soutien social : famille, amis, collègues.
- Encadrement professionnel : coaching, thérapie.
- Outils concrets : journaux de gratitude, listes de tâches, rituels de motivation.

La motivation et le changement reposent sur des dynamiques complexes impliquant des besoins fondamentaux, des processus cognitifs et émotionnels, ainsi que des facteurs environnementaux. En psychologie, ces concepts sont étudiés pour mieux comprendre les obstacles et les leviers qui permettent d'accompagner les individus vers leurs objectifs, en intégrant des approches personnalisées et des stratégies adaptées.

Les croyances limitantes

Les croyances limitantes sont des pensées profondément ancrées qui restreignent nos capacités ou nos choix. Elles se manifestent souvent de manière inconsciente et sont classées en trois catégories principales en PNL : par omission, par généralisation, et par distorsion. Ces mécanismes sont des filtres mentaux que nous utilisons pour donner un sens à notre réalité, mais lorsqu'ils deviennent rigides, ils peuvent nous freiner.

1. Croyances limitantes par omission
Définition :
- Ce type de croyance résulte d'une suppression ou d'un manque d'information. On ignore ou exclut certains éléments de la réalité pour construire une perception limitée ou incomplète d'une situation.

Exemples :
- "Je ne suis pas doué pour ça." (omission des domaines ou expériences où la personne a réussi.)
- "Personne ne m'écoute." (omission des situations où des gens ont prêté attention.)
- "Je n'ai pas d'autre choix." (omission des alternatives disponibles, même minimes.)

Comment les reconnaître ?
- Écoutez les affirmations absolues qui ne prennent pas en compte la totalité des faits ou perspectives.

- Cherchez ce qui a été laissé de côté.

Stratégies pour dépasser ces croyances :
- Poser des questions spécifiques : "Quelles sont les exceptions à cela ?"
- Explorer des perspectives : "Y a-t-il des moments où tu as été doué dans ce domaine ?"
- Rechercher des contre-exemples : identifier les situations qui contredisent l'affirmation.

2. Croyances limitantes par généralisation
Définition :
- Ce type de croyance survient lorsque des expériences spécifiques sont étendues à des situations plus larges ou universelles. Une personne tire des conclusions globales à partir d'un nombre limité d'expériences.

Exemples :
- "Je suis toujours en retard." (généralisation d'une habitude occasionnelle.)
- "Les gens sont égoïstes." (généralisation basée sur des interactions négatives.)
- "Je suis nul en mathématiques." (généralisation après un échec ou deux dans ce domaine.)

Comment les reconnaître ?
- Cherchez les mots comme toujours, jamais, tout le monde, personne, impossible, tous.

- Identifiez les conclusions qui ne tiennent pas compte des variations dans les expériences.

Stratégies pour dépasser ces croyances :
- Reformuler : "Toujours ? Y a-t-il des exceptions ?"
- Recadrer : "Si tu étais parfois en retard, qu'est-ce qui pourrait être différent la prochaine fois ?"
- Nuancer : encourager à remplacer les mots extrêmes par des expressions plus nuancées comme "parfois" ou "dans certaines situations".

3. Croyances limitantes par distorsion
Définition :
- Une distorsion survient lorsque la réalité est interprétée ou transformée pour correspondre à une croyance préexistante. La personne perçoit les faits de manière déformée, souvent en les amplifiant ou en les minimisant.

Exemples :
- "Si je fais une erreur, tout le monde va me juger." (amplification de la peur du jugement.)
- "Je ne réussirai jamais parce que je ne suis pas assez intelligent." (distorsion des critères de réussite.)
- "Ils ne m'ont pas salué, donc ils ne m'aiment pas." (interprétation subjective et négative d'un comportement neutre.)

Comment les reconnaître ?
- Identifier les croyances qui impliquent une interprétation personnelle sans fondement clair.
- Repérer les amplifications (dramatismes) ou minimisations (dévalorisations injustifiées).

Stratégies pour dépasser ces croyances :
- Déconstruire les hypothèses : "Comment sais-tu que c'est vrai ?"
- Explorer d'autres interprétations : "Quelles autres raisons pourraient expliquer leur comportement ?"
- Recentrer sur les faits : "Quels sont les faits concrets dans cette situation ?"

Comment travailler sur ces croyances en général ?
1. Identifier la croyance :
    - À travers le langage, les émotions ou les comportements.
    - Écoutez les schémas récurrents de pensée.

2. Questionner la validité de la croyance :
    - "Cette pensée est-elle basée sur des faits ou sur une interprétation ?"
    - "Quelles preuves ai-je pour soutenir ou contredire cette croyance ?"

3. Reformuler la croyance :
    - Transformez une croyance limitante en une croyance constructive. Exemple :

- Croyance limitante : "Je ne suis pas assez compétent pour réussir."
- Croyance constructive : "Avec du temps et de l'apprentissage, je peux développer mes compétences."

4. Utiliser des outils spécifiques :
   - Recadrage : réinterpréter une situation de manière plus positive ou constructive.
   - Visualisation : imaginer un futur dans lequel cette croyance est dépassée.
   - Ancrages positifs : associer une émotion ou un état de confiance à des stimuli spécifiques.

5. Passer à l'action :
   - Expérimentez de nouvelles façons de penser ou d'agir pour invalider la croyance limitante.
   - Testez des comportements qui remettent en question la croyance (petits pas progressifs).

Les croyances limitantes (par omission, généralisation ou distorsion) sont des obstacles psychologiques qui peuvent restreindre le potentiel et la liberté d'action. En identifiant ces croyances et en les transformant, on ouvre la voie à un développement personnel et à une meilleure adaptation au changement. Un praticien en hypnose ou en PNL peut jouer un rôle clé dans ce processus en aidant à dénouer ces schémas et à les remplacer par des croyances positives.

Ces croyances limitantes ont des origines multiples et complexes. Elles se développent généralement au fil du temps, influencées par l'environnement, les expériences personnelles et les interactions sociales.

1. L'enfance et l'éducation
Influence des parents et des éducateurs
- Messages reçus : les croyances limitantes peuvent naître des paroles ou attitudes des figures parentales. Par exemple, des phrases répétées comme *"Tu n'es pas doué en maths"* ou *"Le monde est dangereux"* peuvent s'ancrer profondément.
- Modélisation : les enfants imitent les croyances et comportements de leurs parents ou enseignants. Si un parent exprime souvent des craintes ou des doutes, l'enfant peut les intérioriser.

Expériences formatrices
- Échecs précoces : un échec scolaire ou social peut pousser un enfant à croire qu'il est "nul" ou "incapable" dans un domaine donné.
- Comparaison avec les autres : être comparé à des frères, sœurs, ou camarades peut donner lieu à des croyances comme *"Je ne serai jamais aussi bon que..."*.

2. Les traumatismes et expériences négatives
- Événements marquants : une humiliation publique, un rejet, ou un échec important peuvent laisser une empreinte

durable et engendrer des croyances limitantes comme *"Je ne mérite pas d'être aimé"* ou *"Je vais forcément échouer"*.
- Mécanismes de protection : face à une douleur émotionnelle, le cerveau peut adopter des croyances pour éviter de revivre une situation similaire, comme *"Il vaut mieux ne pas essayer"* ou *"Je dois éviter les conflits à tout prix"*.

3. L'environnement social et culturel

Pressions sociales
- Normes et stéréotypes : la société impose souvent des standards et des attentes qui peuvent générer des croyances limitantes. Par exemple : *"Les femmes ne sont pas faites pour diriger"* ou *"Il faut avoir beaucoup d'argent pour être heureux"*.
- Influence des pairs : les critiques ou jugements de la part des amis, collègues ou proches peuvent influencer la manière dont une personne se perçoit.

Médias et culture populaire
- Images véhiculées : les publicités, films ou réseaux sociaux diffusent des standards idéalisés qui poussent à se comparer et à croire qu'on n'est pas "suffisamment" beau, compétent ou riche.

4. Les croyances héritées ou transmises
- Transmission familiale : certaines croyances sont partagées au sein d'une famille ou d'une communauté. Par exemple : *"Dans notre famille, on a toujours eu du mal avec l'argent"*.

- **Croyances générationnelles** : les expériences vécues par les générations précédentes, comme des périodes de guerre ou de pauvreté, peuvent influencer les croyances des descendants.

5. Les mécanismes cognitifs

Le biais de confirmation

- **Tendance à chercher des preuves** : une fois qu'une croyance est formée, le cerveau tend à rechercher des informations qui la confirment, renforçant ainsi cette perception. Exemple : une personne qui croit *"Je suis mauvais en communication"* remarquera davantage ses erreurs que ses réussites.

La peur de l'inconnu

- **Rassurance mentale** : les croyances limitantes offrent parfois un sentiment de sécurité. Par exemple, *"Je ne suis pas capable de parler en public"* peut protéger de la peur de l'échec.

6. Les influences biologiques et neurologiques

- **Plasticité cérébrale** : les expériences répétées forment des circuits neuronaux qui renforcent certaines croyances au fil du temps. Si une personne se répète *"Je ne suis pas à la hauteur"*, cette pensée devient automatique.
- **Réactions émotionnelles** : les émotions associées à une expérience (peur, honte, tristesse) peuvent ancrer plus profondément la croyance dans le cerveau.

7. Les croyances spirituelles ou philosophiques
- Certaines croyances limitantes proviennent de systèmes de pensée adoptés consciemment ou inconsciemment, comme des dogmes religieux ou des philosophies fatalistes : *"C'est mon destin de souffrir"* ou *"Je ne peux rien changer à ma vie"*.

Comment ces croyances évoluent-elles ?
- Renforcement avec le temps : plus une croyance est répétée ou confirmée par des expériences, plus elle devient rigide.
- Transformation possible : heureusement, grâce à la prise de conscience, à des outils comme la PNL, l'hypnose ou la thérapie cognitive, ces croyances peuvent être identifiées et modifiées.

Les croyances limitantes proviennent souvent d'un mélange d'expériences personnelles, d'influences sociales, de mécanismes biologiques et de contextes culturels. Comprendre leur origine est une étape essentielle pour les dépasser et ouvrir la voie à de nouvelles possibilités. Un praticien en hypnose ou en développement personnel peut accompagner cette transformation en aidant à reformuler ces croyances et à explorer des perspectives alternatives.

Bases des schémas cognitifs

Les schémas cognitifs sont des structures mentales qui organisent et interprètent les informations. Ils influencent profondément la manière dont une personne perçoit, pense et agit. Ces schémas, souvent inconscients, peuvent être fonctionnels ou dysfonctionnels. Les croyances limitantes, les distorsions cognitives et le recadrage cognitif sont des éléments centraux pour comprendre et travailler avec les schémas cognitifs.

1. Les croyances limitantes
Les croyances limitantes sont des idées profondément ancrées qui restreignent les actions ou la vision d'une personne. Elles sont souvent rigides, absolues, et se manifestent sous la forme de pensées négatives ou restrictives comme *"Je ne suis pas capable"*, *"Je ne mérite pas de réussir"*, ou *"Les autres sont toujours meilleurs que moi"*.
Les croyances limitantes ont été étudiées en détails au chapitre précédent.
Conséquences des croyances limitantes
- Blocages émotionnels : provoquent de l'anxiété, de la frustration ou un manque de confiance en soi.
- Comportements d'évitement : la peur d'échouer empêche d'agir.
- Frein à l'évolution personnelle : limitation des opportunités et de l'apprentissage.

2. Les distorsions cognitives

Les distorsions cognitives sont des erreurs systématiques dans la manière dont une personne interprète les événements. Elles proviennent de schémas cognitifs dysfonctionnels et biaisent la réalité, conduisant à des pensées inexactes ou négatives.

Principales distorsions cognitives

1. Généralisation excessive
   - Consiste à tirer des conclusions générales à partir d'un événement unique.
   - Exemple : *"Je n'ai pas réussi cette présentation, je suis mauvais en public."*

2. Catastrophisme
   - Imaginer le pire scénario possible sans raison objective.
   - Exemple : *"Si je n'obtiens pas ce poste, ma carrière est ruinée."*

3. Personnalisation
   - Tendance à se sentir responsable de tout ce qui se passe, même sans lien logique.
   - Exemple : *"Si mon ami est de mauvaise humeur, c'est forcément ma faute."*

4. Filtre mental
   - Focalisation sur un aspect négatif tout en ignorant les aspects positifs.
   - Exemple : *"J'ai fait une erreur dans un projet, donc tout mon travail est mauvais."*

5. Pensée tout ou rien
   - Voir les choses en termes absolus, sans nuances.
   - Exemple : *"Si je ne suis pas parfait, je suis un échec."*

6. L'étiquetage
   - Attribuer des jugements négatifs rigides à soi ou aux autres.
   - Exemple : *"Je suis stupide"* ou *"Il est incapable."*

Impact des distorsions cognitives
- Amplifient le stress, la peur et les comportements d'évitement.
- Alimentent les croyances limitantes.
- Perturbent la résolution de problèmes et la prise de décision.

3. Le recadrage cognitif

Le recadrage cognitif est une technique issue de la thérapie cognitive et comportementale (TCC) qui consiste à identifier et à modifier les pensées négatives ou dysfonctionnelles. Il aide à reformuler ces pensées pour adopter une perspective plus équilibrée et positive.

Étapes du recadrage cognitif
1. Identification des pensées négatives
   - Prendre conscience des croyances limitantes ou distorsions cognitives.
   - Exemple : *"Je suis nul dans tout ce que je fais."*

2. Analyse critique
   - Interroger la validité de la pensée en posant des questions comme :
     - *Quels sont les faits qui soutiennent ou contredisent cette idée ?*
     - *Cette pensée est-elle rationnelle ou exagérée ?*

3. Remplacement par une pensée alternative
   - Reformuler la pensée de manière constructive et réaliste.
   - Exemple : *"J'ai rencontré des difficultés dans certaines tâches, mais j'ai aussi accompli des choses avec succès."*

4. Pratique et renforcement
   - Répéter régulièrement les pensées alternatives pour les intégrer dans les schémas cognitifs.

Exemples de recadrage cognitif
- Distorsion initiale : *"Je suis toujours rejeté par les autres."*
  - Recadrage : *"Il y a des moments où je suis bien accepté, et je peux travailler à améliorer mes relations."*
- Distorsion initiale : *"Si je fais une erreur, c'est la catastrophe."*
  - Recadrage : *"Les erreurs sont des opportunités d'apprentissage et ne définissent pas ma valeur."*

Bienfaits du recadrage cognitif
- Réduction du stress et des émotions négatives.
- Renforcement de l'estime de soi et de la confiance.
- Meilleure gestion des situations difficiles et amélioration de la résilience.

Les biais cognitifs

Les biais cognitifs sont des erreurs systématiques dans la pensée qui influencent la manière dont les informations sont perçues, interprétées et évaluées. Ils surviennent lorsque le cerveau utilise des raccourcis mentaux (heuristiques) pour traiter l'information rapidement, mais au détriment de l'exactitude. Ces biais peuvent affecter la prise de décision, les jugements et les comportements.

La notion de pensée 1 et pensée 2 provient des travaux de Daniel Kahneman, notamment décrits dans son livre *Système 1 / Système 2 : les deux vitesses de la pensée*. Ces deux systèmes expliquent comment le cerveau traite l'information et prend des décisions, souvent en lien avec les biais cognitifs.

Système 1 (pensée rapide)
- Caractéristiques :
    - Automatique, intuitif et rapide.
    - Basé sur des émotions, des instincts et des associations immédiates.
    - Nécessite peu d'effort cognitif.
    - Responsable des heuristiques et des biais cognitifs.
- Exemples :
    - Réagir instinctivement à un bruit soudain.
    - Compléter une phrase ou résoudre une addition simple (« 2 + 2 = ? »).

- - Juger quelqu'un sur son apparence.
- Lien avec les biais :
  - Le système 1 est sujet aux biais cognitifs car il privilégie des raccourcis mentaux pour répondre rapidement, souvent sans vérification rationnelle.

Système 2 (pensée lente)
- Caractéristiques :
  - Délibératif, logique et analytique.
  - Plus lent et demande un effort conscient.
  - Utilisé pour des tâches complexes nécessitant une réflexion approfondie.
- Exemples :
  - Résoudre une équation mathématique complexe.
  - Comparer méthodiquement plusieurs options avant une décision importante.
  - Évaluer la crédibilité d'une information.
- Lien avec les biais :
  - Le système 2 peut corriger les erreurs du système 1, mais il est souvent "paresseux" et intervient peu, surtout si la situation semble familière ou si le temps manque.

L'enjeu pour réduire les biais cognitifs est d'apprendre à reconnaître les situations où le système 1 prédomine et d'encourager l'activation du système 2 lorsque des décisions importantes sont en jeu.

Origines des biais cognitifs

1. Heuristiques mentales : le cerveau cherche des moyens rapides pour traiter les informations, souvent par simplification.
   - Exemple : associer un stéréotype à une situation pour la comprendre rapidement.

2. Limites attentionnelles : l'esprit ne peut pas traiter toutes les informations disponibles, ce qui pousse à privilégier certaines données (souvent biaisées).

3. Émotions : les sentiments comme la peur, la colère ou la joie influencent la perception et le jugement.

4. Expériences passées : les souvenirs et apprentissages antérieurs conditionnent la manière dont une personne interprète de nouvelles situations.

5. Conservation de l'énergie mentale : <u>le cerveau préfère éviter les efforts inutiles</u>, ce qui conduit à des jugements intuitifs souvent biaisés.

6. Adaptation évolutionnaire : certains biais (comme le biais de négativité) sont hérités de mécanismes de survie, car ils permettaient d'identifier les dangers rapidement.

Exemples de biais cognitifs (il en existe des dizaines)
1. Biais de confirmation
    - Tendance à rechercher, interpréter et se souvenir des informations qui confirment ses croyances existantes.
    - Exemple : un individu qui pense que les médias sont biaisés remarque seulement les articles qui corroborent cette idée.

2. Biais de disponibilité
    - Juger la probabilité d'un événement en fonction des exemples qui viennent facilement à l'esprit.
    - Exemple : craindre davantage les accidents d'avion que les accidents de voiture en raison de la médiatisation des crashs aériens.

3. Biais de représentativité
    - Classer une personne ou une situation dans une catégorie en se basant sur des stéréotypes.
    - Exemple : supposer qu'un étudiant en mathématiques est introverti parce qu'il correspond à l'image stéréotypée.

4. Biais d'ancrage
    - Être excessivement influencé par la première information reçue (l'ancre) lors de la prise de décision.
    - Exemple : lors d'une négociation, la première offre influence fortement la perception de la valeur.

5. Biais d'optimisme
    - Surestimer la probabilité d'expériences positives et sous-estimer les risques.
    - Exemple : croire que les accidents de la route ne peuvent arriver qu'aux autres.

6. Biais de négativité
    - Accorder plus de poids aux informations négatives qu'aux positives.
    - Exemple : se souvenir davantage d'une critique que de plusieurs compliments.

7. Effet de halo
    - Tendance à attribuer des caractéristiques positives ou négatives générales à une personne ou un objet basé sur une seule qualité perçue.
    - Exemple : supposer qu'une personne physiquement attrayante est également intelligente.

8. Effet Dunning-Kruger
    - Les personnes peu compétentes surestiment leur niveau de compétence, tandis que les experts le sous-estiment.
    - Exemple : quelqu'un avec peu de connaissances en informatique prétend être un expert.

9. Biais d'attribution fondamentale
    - Attribuer les comportements des autres à des traits de personnalité plutôt qu'à des circonstances externes.
    - Exemple : penser qu'une personne en retard est désorganisée sans considérer qu'elle a pu être bloquée dans les transports.

10. Biais d'autocomplaisance
    - Attribuer ses succès à des facteurs internes et ses échecs à des causes externes.
    - Exemple : dire que sa promotion est due à son talent, mais blâmer l'économie pour une perte d'emploi.

11. Biais de répétition
    - Une information, une idée ou une croyance est perçue comme vraie ou valide simplement parce qu'elle est répétée fréquemment, indépendamment de sa véracité. La familiarité engendrée par la répétition renforce la confiance et l'acceptation de cette information.
    - Exemple : une marque répète son slogan ou message dans plusieurs publicités, ce qui amène les consommateurs à croire que le produit est de meilleure qualité.

12. L'effet spotlight (ou effet des projecteurs)
    - Les individus surestiment l'attention que les autres portent à leurs actions, à leur apparence ou à leurs comportements.
    - Exemple : lors d'une soirée, une personne qui se sent un peu gauche ou inconfortable peut penser que tout le monde remarque son malaise, alors que dans la réalité, la plupart des autres sont préoccupés par leurs propres interactions et préoccupations.

13. Biais de personnalisation
    - Tendance à attribuer des événements extérieurs ou des actions des autres à des facteurs personnels, en les considérant comme directement liés à soi, même lorsque ce n'est pas le cas.
    - Exemple : lorsqu'un projet d'équipe échoue, une personne pourrait se sentir responsable de l'échec.

Comment reconnaître les biais cognitifs ?
1. Observation de patterns récurrents :
    - Remarquer des jugements ou décisions qui s'appuient systématiquement sur des croyances ou émotions non vérifiées.

2. Prise de recul sur ses pensées :
    - S'interroger sur l'origine de ses idées : *suis-je influencé par une émotion ou une expérience passée ?*

3. Feedback externe :
    - Consulter les perspectives d'autrui pour identifier des angles morts dans son raisonnement.

4. Analyse des conséquences :
    - Noter si certaines décisions ou jugements entraînent fréquemment des résultats insatisfaisants.

Comment "soigner" ou réduire l'impact des biais cognitifs ?
1. Prise de conscience
    - Reconnaître l'existence des biais est le premier pas pour limiter leur influence.

2. Entraînement à la pensée critique
    - Développer des compétences pour évaluer objectivement les informations et identifier les erreurs de raisonnement.

3. Utilisation de techniques de questionnement
    - Poser des questions telles que : *quelles preuves ai-je pour soutenir cette idée ? Quels contre-arguments existent-ils ?*

4. Diversification des sources d'information
    - Lire, écouter ou observer différentes perspectives pour contrer les effets du biais de confirmation.

5. Ralentissement du processus décisionnel
   - Prendre le temps de réfléchir et éviter les jugements impulsifs.

6. Pratique de la pleine conscience
   - Apprendre à reconnaître et à accepter les pensées sans les juger, ce qui peut aider à prendre du recul.

7. Feedback objectif
   - Demander à des pairs ou mentors de fournir une critique constructive sur ses décisions ou jugements.

8. Réévaluation régulière des croyances
   - Revoir périodiquement ses convictions pour vérifier leur pertinence et ajuster ses perceptions.

La mémoire et l'apprentissage

La mémoire et l'apprentissage sont des processus fondamentaux qui influencent notre quotidien, notre capacité à résoudre des problèmes et à nous adapter à notre environnement. Ils sont liés au stockage et à la récupération des informations et des expériences vécues.

Types de mémoire

1. Mémoire à court terme (MCT) :
   La mémoire à court terme fait référence à la capacité de retenir une petite quantité d'informations pendant une période limitée (généralement de quelques secondes à quelques minutes). Par exemple, se souvenir d'un numéro de téléphone juste après l'avoir vu sur un écran, ou se souvenir d'un itinéraire avant de l'oublier après un court délai.
   - Caractéristiques :
     - Durée limitée
     - Capacité de stockage limitée (environ 7 éléments à la fois)
     - Sujet à l'oubli rapide
   - Rôle dans l'apprentissage :
     La MCT permet d'acquérir et de manipuler des informations pendant des tâches cognitives immédiates, comme la résolution de problèmes et la compréhension du langage.

2. **Mémoire à long terme (MLT)** :
   La mémoire à long terme concerne le stockage d'informations de manière durable. Elle peut être déclenchée des années plus tard et est essentielle pour la consolidation des connaissances et des compétences. La MLT est divisée en plusieurs sous-types :
   - **Mémoire déclarative** : mémoire consciente, comme la mémoire épisodique (événements personnels) et la mémoire sémantique (faits et informations générales).
   - **Mémoire procédurale** : mémoire implicite, qui concerne l'apprentissage des compétences et des habitudes, comme faire du vélo ou jouer d'un instrument de musique.
   - **Rôle dans l'apprentissage** : la MLT permet de stocker des connaissances durables et de construire des bases solides pour l'acquisition de nouvelles informations. Elle est cruciale pour l'apprentissage à long terme, permettant d'ancrer des compétences et des expériences dans la vie quotidienne.

3. **Mémoire émotionnelle** :
   La mémoire émotionnelle concerne les souvenirs liés à des événements marquants sur le plan émotionnel. Les émotions jouent un rôle clé dans la façon dont nous retenons les informations, car les événements émotionnellement intenses sont souvent mieux mémorisés.
   - **Exemple** : une personne pourrait se souvenir très clairement d'un accident traumatique ou d'un

moment de joie intense, bien que ces événements se soient produits il y a longtemps.
- Rôle dans l'apprentissage : les souvenirs émotionnels peuvent influencer l'apprentissage, car les expériences émotionnelles peuvent modifier la façon dont l'information est encodée et récupérée. Parfois, la mémoire émotionnelle peut aussi mener à des biais, comme la rumination ou la distorsion des événements passés.

Lien entre mémoire et hypnose

1. Utilisation des souvenirs positifs :
En hypnose, les praticiens peuvent exploiter la mémoire pour ramener des souvenirs positifs ou des ressources internes qui renforcent l'état émotionnel du client. Par exemple, un hypnothérapeute peut inviter le client à se souvenir d'un moment heureux, d'une réussite personnelle ou d'une expérience agréable afin d'amener des sentiments positifs qui peuvent favoriser la guérison ou la croissance personnelle.

2. Transformation des souvenirs douloureux :
L'un des rôles majeurs de l'hypnose est de travailler avec les souvenirs traumatiques ou négatifs pour les reprogrammer. Les praticiens en hypnose peuvent aider à modifier la perception de certains souvenirs douloureux en transformant leur charge émotionnelle. Cela peut se faire par des techniques comme la régression ou le recadrage, où

le client revisite un souvenir dans un état hypnotique, et le réintègre de manière plus adaptative.
    - Exemple : une personne qui a vécu un traumatisme pourrait être guidée pour revoir cet événement sous un autre angle, en utilisant des ressources intérieures pour réduire l'impact émotionnel de ce souvenir.

3. Mémoire et guérison émotionnelle :
L'hypnose permet également de créer un nouvel environnement dans lequel les souvenirs négatifs peuvent être neutralisés ou réinterprétés, ce qui facilite la guérison émotionnelle et psychologique.

Capacité du cerveau à se modifier
La neuroplasticité est <u>la capacité du cerveau à se réorganiser et à former de nouvelles connexions neuronales en réponse à l'apprentissage, à l'expérience et à l'environnement</u>. Contrairement à l'idée ancienne selon laquelle le cerveau adulte est figé, la neuroplasticité prouve que le cerveau reste malléable tout au long de la vie.

1. Rôle dans l'apprentissage :
    - L'apprentissage est un processus dynamique qui se produit lorsque de nouvelles informations sont intégrées et traitées. À chaque fois qu'une nouvelle information est acquise, des connexions neuronales sont modifiées ou créées, renforçant ainsi les réseaux cérébraux associés à cette information.

- Par exemple, lorsqu'une personne apprend une nouvelle langue, des zones du cerveau liées à la mémoire et au langage se renforcent et se développent.

2. Rôle dans la guérison émotionnelle :
La neuroplasticité permet au cerveau de se réadapter et de se réparer après un traumatisme ou un stress intense. Par exemple, des pratiques comme la méditation, l'exercice physique, et même l'hypnose peuvent stimuler la neuroplasticité et aider à "reprogrammer" des réponses émotionnelles ou des schémas de pensée dysfonctionnels. Cela offre des possibilités d'adaptation et de récupération du cerveau après des événements difficiles ou traumatisants.

3. Neuroplasticité et hypnose :
En hypnose, la neuroplasticité est un outil central. Les suggestions hypnotiques, combinées à des techniques de relaxation et de concentration, peuvent favoriser la création de nouvelles connexions neuronales. Par exemple, en traitant un traumatisme émotionnel avec l'hypnose, le praticien peut aider à créer de nouveaux schémas de pensée, où les réactions émotionnelles négatives sont atténuées et des réactions plus adaptées sont renforcées. La visualisation positive et la régression sont deux techniques qui peuvent renforcer la neuroplasticité et faciliter ce processus de guérison.

La mémoire et l'apprentissage sont des processus interconnectés qui jouent un rôle crucial dans notre développement cognitif et émotionnel. Les techniques d'hypnose, en exploitant la mémoire et en favorisant la neuroplasticité, offrent des outils puissants pour améliorer l'apprentissage, résoudre des problèmes émotionnels, et modifier des schémas de pensée anciens ou inadaptés. Grâce à la capacité du cerveau à se modifier tout au long de la vie, l'hypnose peut contribuer à une transformation profonde des comportements, des émotions et des perceptions, facilitant ainsi un processus de guérison et d'adaptation.

Les processus inconscients

1. L'inconscient selon Sigmund Freud (psychanalyse)
   - Selon Sigmund Freud, l'inconscient est une partie de l'esprit qui contient des pensées, désirs, souvenirs et émotions refoulés qui échappent à la conscience parce qu'ils sont jugés inacceptables ou douloureux. Freud divise l'esprit en trois niveaux : le conscient, le préconscient (qui contient des informations qui peuvent devenir conscientes), et l'inconscient, qui regroupe les contenus inaccessibles à la conscience immédiate, mais qui influencent le comportement.
   - L'inconscient joue un rôle crucial dans le développement de la personnalité et des troubles psychiques. Il est vu comme un réservoir de désirs refoulés (notamment des pulsions sexuelles et agressives) qui se manifestent sous forme de rêves, de symptômes psychologiques, de lapsus, ou de comportements non-conscients.
   - L'inconscient, selon Freud, est un moyen pour l'individu de maintenir l'équilibre mental en réprimant des pensées et des souvenirs trop menaçants. Cependant, ces contenus refoulés continuent de manifester leur influence, notamment à travers des mécanismes de défense, comme les névroses, les phobies, ou les obsessions. Cela résulte de la répression d'émotions ou de pensées refoulées qui, lorsqu'elles refont surface sous forme de symptômes, perturbent le fonctionnement normal de l'individu.

2. L'inconscient selon Carl Jung (psychologie analytique)
- Pour Carl Jung, l'inconscient est également une entité centrale, mais il le distingue de l'inconscient freudien par son concept de l'inconscient collectif. Il considère que l'inconscient personnel est constitué de pensées, souvenirs et expériences individuelles refoulées, tandis que l'inconscient collectif contient des archétypes universels partagés par tous les êtres humains (par exemple, le Héros, la Mère, l'Ombre).
- L'inconscient collectif est un réservoir de symboles et d'images primordiales qui émergent dans les rêves et les mythes. Ces archétypes influencent notre perception du monde et peuvent se manifester dans nos rêves, nous offrant des indices sur nos conflits internes ou sur notre croissance psychologique.
- L'inconscient personnel joue un rôle dans l'intégration des expériences de vie, en permettant à l'individu d'accéder à des aspects cachés de sa personnalité et de se réconcilier avec ses conflits intérieurs.
- Les difficultés surviennent lorsque l'individu rejette certains aspects de son inconscient (comme l'Ombre, la partie de soi refoulée) et ne parvient pas à les intégrer dans sa conscience. Cela peut provoquer des troubles psychologiques et des crises existentielles.
- Jung préconise l'individuation, un processus d'intégration de l'inconscient dans la conscience, comme moyen de surmonter ces défaillances.

3. L'inconscient selon les approches cognitives et comportementales

- Les psychologues cognitifs et comportementalistes adoptent une vision moins métaphysique de l'inconscient. L'inconscient est compris comme un ensemble de processus cognitifs automatiques qui influencent nos décisions et comportements sans intervention consciente. Ces processus incluent des habitudes, des réflexes, des biais cognitifs, et des schémas de pensée qui sont appris et intégrés au fil du temps.
- L'inconscient permet à l'individu de traiter des informations et de réagir rapidement à des stimuli sans avoir à réfléchir à chaque action. Par exemple, la mémoire procédurale (comment faire certaines tâches comme conduire ou taper sur un clavier) repose sur des processus inconscients.
- Les schémas cognitifs et les croyances inconscientes jouent un rôle important dans l'interprétation des événements et dans la manière dont l'individu réagit émotionnellement.
- Les difficultés de l'inconscient dans ce cadre peuvent être perçues sous forme de biais cognitifs ou de comportements automatiques nuisibles. Par exemple, la rumination (pensées répétitives sur des événements passés négatifs) ou la procrastination peuvent être vues comme des schémas cognitifs nuisibles issus de processus inconscients.
- Les erreurs de jugement dues à des biais comme la généralisation excessive ou le catastrophisme sont aussi des manifestations de l'inconscient qui influencent la manière dont nous traitons les informations et les expériences.

4. L'inconscient selon les neurosciences
   - En neurosciences, l'inconscient est associé à l'ensemble des processus cognitifs qui se produisent en dehors de la conscience consciente. Le cerveau effectue constamment des calculs et des traitements d'information en arrière-plan (par exemple, ajuster la posture, traiter les émotions de manière non-consciente), permettant à la conscience de se concentrer sur des tâches plus complexes.
   - Les réseaux neuronaux sous-tendent ces processus inconscients, avec des régions cérébrales spécifiques impliquées dans la régulation des émotions (comme l'amygdale) et la prise de décision (comme le cortex préfrontal).
   - L'inconscient joue un rôle adaptatif dans la gestion des actions de routine et dans la régulation des émotions. Le cerveau traite des milliers d'informations en dehors de la conscience, permettant une réponse rapide aux dangers et une gestion de la vie quotidienne sans surcharge cognitive.
   - Les défaillances dans l'inconscient, dans ce cadre, sont souvent liées à des dysfonctionnements neurologiques ou des pathologies, comme la dépression (où des schémas de pensée négatifs automatiques prédominent), le trouble obsessionnel-compulsif (TOC), ou des troubles anxieux (où des processus inconscients génèrent des réponses disproportionnées).

Les processus inconscients sont des mécanismes mentaux qui opèrent en dehors de notre conscience immédiate, mais qui influencent profondément nos pensées, émotions, comportements et perceptions. Ces processus sont souvent étudiés à travers la psychanalyse, la psychologie cognitive, et plus récemment à travers les neurosciences. L'inconscient joue un rôle clé dans la régulation de notre quotidien, en automatisant des comportements, en influençant nos choix, et en nous guidant dans des situations complexes sans que nous n'en soyons pleinement conscients.

Rôle des automatismes et des habitudes
1. Les automatismes :
Les automatismes sont des actions réalisées de manière inconsciente ou semi-consciente, sans nécessiter de réflexion consciente. Par exemple, la conduite d'une voiture après avoir acquis des compétences ou l'exécution d'activités quotidiennes comme se brosser les dents. Ces comportements sont intégrés dans des réseaux neuronaux et deviennent automatiques avec la répétition. L'inconscient gère un grand nombre de ces comportements, permettant au conscient de se concentrer sur des tâches plus complexes.

2. Les habitudes :
Les habitudes sont des comportements appris et répétitifs qui se développent avec le temps. Ces comportements deviennent automatiques et sont souvent guidés par l'inconscient, ce qui permet de libérer des ressources cognitives pour d'autres tâches. Par exemple, la gestion du stress peut devenir une habitude, tout comme la consommation d'aliments spécifiques dans certaines

situations émotionnelles. Ces habitudes peuvent être positives (par exemple, faire de l'exercice régulièrement) ou négatives (comme fumer pour gérer l'anxiété).

- o Rôle dans l'inconscient :
  Les habitudes inconscientes aident à réguler le quotidien, mais elles peuvent aussi emprisonner l'individu dans des comportements indésirables. C'est là que les techniques comme l'hypnose peuvent intervenir, en modifiant ou en remplaçant des habitudes négatives par des comportements plus sains.

Symbolisme et métaphores : langage de l'inconscient

1. Les métaphores comme outil de communication :
   Les métaphores sont un langage puissant utilisé par l'inconscient pour exprimer des pensées, des émotions ou des expériences d'une manière indirecte. Le symbolisme dans les métaphores permet à l'inconscient de communiquer avec le conscient sans le filtrage ou les jugements que le conscient pourrait imposer. Par exemple, une personne peut exprimer un sentiment de blocage intérieur en utilisant une métaphore, comme "je me sens comme si j'étais coincé dans un cul-de-sac".

2. Rôle des métaphores en hypnose :
   En hypnose, les métaphores sont couramment utilisées pour aider le client à accéder à son inconscient. Elles servent de pont entre la réalité vécue et les solutions ou changements souhaités. Les métaphores agissent souvent comme des

catalyseurs, permettant de contourner la résistance consciente et de permettre à des processus de guérison ou de transformation de se produire.
    - Exemple : si un patient souffre de phobies, le thérapeute peut utiliser une métaphore de "libération" en suggérant qu'il voit sa peur comme un ballon qu'il peut lâcher dans l'air, symbolisant ainsi la prise de contrôle sur la peur.

3. Le symbolisme dans les rêves et les visions :
Les symboles présents dans les rêves ou dans les visions sous hypnose peuvent avoir un sens plus profond et caché. Le symbolisme permet d'exprimer des conflits internes ou des désirs refoulés sans que ces derniers ne soient directement abordés. Par exemple, rêver d'un animal pourrait symboliser une émotion ou une situation vécue dans la vie éveillée.

Rêves et imagination : accès aux ressources inconscientes par l'imagerie mentale

1. Rôle des rêves dans l'exploration de l'inconscient :
Les rêves ont longtemps été vus comme un moyen pour l'inconscient de s'exprimer. Selon Freud, les rêves sont une "voie royale" vers l'inconscient, offrant des aperçus de pensées et de désirs refoulés. Les rêves utilisent des symboles pour transformer des pensées inconscientes en une forme compréhensible pour la conscience.

- Exemple : une personne qui rêve de courir pourrait symboliser une tentative d'échapper à une situation ou un stress dans sa vie quotidienne.

2. **L'imagerie mentale en hypnose :**
En hypnose, l'imagerie mentale est utilisée pour aider à accéder à des ressources inconscientes et à résoudre des problèmes émotionnels ou comportementaux. Par exemple, on peut inviter un client à visualiser une scène apaisante pour réduire l'anxiété ou à se voir en train de surmonter un obstacle afin de renforcer sa confiance en soi. L'imagerie mentale permet de mobiliser des ressources internes qui ne sont pas toujours accessibles par le seul raisonnement conscient.
    - Exemple : un thérapeute pourrait inviter un client à imaginer une forêt tranquille pour induire un état de relaxation profonde. Dans cet état, le client pourrait trouver des solutions créatives à des problèmes ou accéder à des souvenirs positifs pour reprogrammer ses émotions.

3. **Accès aux ressources inconscientes :**
L'utilisation des rêves et de l'imagerie en hypnose est particulièrement utile pour accéder à des ressources inconscientes. Ces processus permettent de renforcer les aspects positifs de la personnalité et de restaurer l'équilibre émotionnel en se connectant à des expériences passées de succès ou de sérénité.
    - Exemple : un thérapeute pourrait utiliser une visualisation guidée pour permettre à un client de

revivre un moment où il s'est senti particulièrement compétent, ce qui l'aidera à mobiliser cette ressource interne lorsqu'il est confronté à des défis dans sa vie quotidienne.

L'inconscient est un concept central en psychologie, qui désigne l'ensemble des processus mentaux qui échappent à la conscience immédiate, mais qui influencent nos pensées, émotions et comportements.

L'inconscient, qu'il soit vu comme un réservoir de désirs refoulés, un ensemble de processus cognitifs automatiques ou un réseau de symboles universels, joue un rôle central dans la régulation de notre vie mentale. Cependant, il peut aussi devenir source de défaillances, comme des comportements nuisibles, des troubles émotionnels ou des biais cognitifs. Les différentes approches théoriques, bien qu'elles aient des visions divergentes de l'inconscient, s'accordent sur le fait que son exploration et sa compréhension peuvent être cruciales pour améliorer le bien-être et la santé mentale.

En hypnose, l'exploration de ces processus inconscients à travers l'utilisation de métaphores, d'images mentales et de symboles permet d'accéder à des ressources internes pour favoriser la guérison et le changement. La compréhension des processus inconscients, combinée à des techniques thérapeutiques comme l'hypnose, peut grandement améliorer le bien-être et faciliter le processus de transformation personnelle.

Les comportements humains

Les comportements humains sont un champ d'étude majeur en psychologie, car ils influencent directement notre manière d'interagir avec le monde, de prendre des décisions et de répondre à des stimuli internes ou externes. Les comportements peuvent être classifiés en comportements adaptatifs et en comportements inadaptés, selon leur capacité à répondre aux besoins individuels et environnementaux.

1. Comportements adaptatifs et inadaptés

Comportements adaptatifs :
Un comportement adaptatif est une réponse qui favorise le bien-être de l'individu et sa capacité à s'ajuster positivement à son environnement. Ces comportements permettent de satisfaire les besoins de base (comme la nourriture, la sécurité, les relations sociales), de renforcer l'estime de soi, et d'assurer une bonne santé mentale et physique.

- Exemples :
    - Résoudre des conflits de manière constructive.
    - Prendre des pauses pour se détendre et réduire le stress.
    - Prendre des décisions réfléchies pour améliorer ses conditions de vie.

Les comportements adaptatifs évoluent souvent à travers une expérience positive, et ils sont renforcés par le renforcement positif (par exemple, la satisfaction d'un besoin).

Comportements inadaptés :
Un comportement inadapté est un comportement qui, malgré sa persistance, nuit au bien-être de l'individu ou à son environnement. Ces comportements peuvent être utilisés pour faire face à une situation immédiate, mais deviennent contre-productifs à long terme.

- Exemples :
    - Fumer, malgré les risques pour la santé.
    - L'isolement social, bien que cela puisse empirer le sentiment de solitude.
    - L'agression verbale pour résoudre un conflit au lieu de chercher une solution pacifique.

Ces comportements sont souvent dus à des mécanismes de défense inconscients, à des croyances limitantes ou à des facteurs émotionnels non résolus. Ils persistent souvent en raison du renforcement intermittent (par exemple, une récompense occasionnelle mais suffisante pour maintenir l'habitude, même si elle est nuisible).

Les comportements inadaptés peuvent persister pour plusieurs raisons :

- Habitudes profondément ancrées : les comportements sont souvent appris et répétés au fil du temps, devenant des automatismes difficiles à changer.

- Renforcement intermittent : un renforcement sporadique (comme une gratification occasionnelle) peut maintenir un comportement même s'il est nuisible à long terme.
- Désir d'évitement : certains comportements inadaptés servent à éviter des émotions ou des situations difficiles (par exemple, la procrastination pour éviter l'anxiété d'une tâche).
- Croyances limitantes : les individus peuvent croire qu'ils ne méritent pas mieux ou qu'ils ne peuvent pas changer, renforçant ainsi le comportement inadapté.
- Récompenses immédiates : certains comportements inadaptés apportent des bénéfices immédiats (comme le soulagement du stress via l'alimentation émotionnelle), rendant difficile leur abandon.

2. Habitudes : formation et modification

Les habitudes sont des comportements qui deviennent automatiques à force de répétition. Elles sont souvent acquises au fil du temps et peuvent être soit bénéfiques, soit nuisibles.

Les habitudes se forment généralement à travers un processus en trois étapes :
- Déclencheur (ou stimulus) : un signal interne ou externe qui incite l'individu à agir (par exemple, se sentir stressé, être fatigué).
- Comportement ou réponse : l'action elle-même, qui est la réponse au stimulus (par exemple, manger un aliment réconfortant).

- Récompense : la satisfaction obtenue après avoir agi (par exemple, un sentiment de soulagement du stress). Cette récompense est essentielle, car elle renforce le comportement et augmente la probabilité de sa répétition.

La modification d'une habitude repose sur la modification de ce cycle :
- Identifier le déclencheur : il est crucial de comprendre quel est le facteur déclencheur qui mène à un comportement. Cela peut être un événement externe ou un état émotionnel.
- Substituer le comportement : remplacer le comportement problématique par un comportement plus sain ou plus adapté. Par exemple, au lieu de fumer, une personne peut apprendre à pratiquer la respiration profonde lorsqu'elle ressent l'envie de fumer.
- Récompenser le nouveau comportement : il est essentiel d'encourager le nouveau comportement par des récompenses, afin qu'il soit renforcé et devienne un automatisme à long terme.

3. Conditionnement : apprentissage par association

Le conditionnement est un processus d'apprentissage par lequel une réponse est modifiée par l'association entre un stimulus et une réponse. Il existe deux grands types de conditionnement : le conditionnement classique et le conditionnement opérant.

Conditionnement classique (Pavlov) :

Le conditionnement classique a été découvert par Ivan Pavlov, un physiologiste russe. Il a observé que les chiens pouvaient saliver en réponse à des stimuli neutres (comme le son d'une cloche) lorsqu'ils étaient associés à la présentation de nourriture. Ce processus montre que des comportements (comme saliver) peuvent être associés à des stimuli non liés (comme une cloche).

- Exemple en hypnose : en hypnose, le conditionnement classique peut être utilisé pour créer des associations positives avec des expériences autrement perçues comme négatives. Par exemple, un individu qui a peur des chiens peut être guidé en hypnose pour associer la présence d'un chien à des sensations agréables (détente et sécurité), réduisant ainsi la peur.

Conditionnement opérant (Skinner) :
Le conditionnement opérant a été développé par B.F. Skinner, et il repose sur la récompense ou punition pour renforcer ou diminuer un comportement. Par exemple, un comportement qui est renforcé par une récompense a plus de chances d'être répété.

- Exemple en hypnose : dans le cadre de l'hypnose, un praticien pourrait utiliser le conditionnement opérant pour renforcer des comportements souhaités, comme la gestion du stress, en associant la relaxation à une sensation de bien-être ou de réussite personnelle.

4. Utilisation du conditionnement en hypnose :
En hypnose, le conditionnement peut être un outil puissant pour :

- Modifier les comportements : par exemple, aider une personne à arrêter de fumer en associant des émotions de bien-être et de relaxation à l'idée de ne pas fumer.

- Transformer des réactions émotionnelles : un hypnothérapeute peut utiliser le conditionnement pour transformer une réponse émotionnelle (comme l'anxiété) en une réponse plus calme et plus détendue à un stimulus particulier.
- Créer des associations positives : en hypnotisant un client, le thérapeute peut créer des associations positives avec des situations de stress, des objets ou des événements, permettant ainsi de diminuer des réponses négatives ou de les remplacer par des comportements plus adaptatifs.

Les comportements humains, qu'ils soient adaptatifs ou inadaptés, sont façonnés par des processus d'apprentissage, des habitudes, et des mécanismes de conditionnement. Comprendre comment ces comportements se forment et comment ils peuvent être modifiés permet de mieux cerner les mécanismes qui sous-tendent le changement psychologique. En hypnose, le conditionnement, qu'il soit classique ou opérant, peut être utilisé de manière stratégique pour favoriser des comportements positifs et modifier les comportements nuisibles, en réorientant les réponses émotionnelles et en facilitant l'intégration de nouveaux comportements adaptés.

Les relations interpersonnelles

Les relations interpersonnelles jouent un rôle fondamental dans le développement psychologique des individus et influencent leur comportement tout au long de la vie. Elles sont au cœur de notre vie sociale et émotionnelle, et les dynamiques qui en découlent peuvent avoir un impact profond sur notre bien-être, nos croyances et nos comportements.

1. Attachement : l'importance des relations précoces et leur influence sur le comportement adulte

Théorie de l'attachement (Bowlby) :
La théorie de l'attachement, développée par John Bowlby, repose sur l'idée que les relations précoces entre un enfant et ses figures d'attachement (généralement les parents) jouent un rôle crucial dans la formation de l'individu et influencent son comportement social tout au long de sa vie. L'attachement est une connexion émotionnelle forte qui se forme dès les premiers mois de la vie, et qui peut influencer le développement émotionnel et social de l'enfant.
Les expériences de sécurisation et d'insécurité dans les premières relations ont des effets durables sur la façon dont une personne va interagir avec les autres, gérer les émotions et faire face aux défis de la vie. L'attachement est souvent catégorisé en plusieurs styles :
- Attachement sécurisant : l'enfant se sent en sécurité lorsque sa figure d'attachement est présente et réagit de manière fiable à ses besoins. Les adultes ayant un

attachement sécurisant sont capables de maintenir des relations saines et équilibrées.
- Attachement anxieux : l'enfant se montre très dépendant de ses figures d'attachement et a du mal à se détacher d'elles, souvent par crainte de rejet ou d'abandon. Ce type d'attachement peut conduire à des relations adultes marquées par l'anxiété, la jalousie ou un besoin excessif de validation.
- Attachement évitant : l'enfant apprend à ne pas compter sur ses figures d'attachement, souvent en raison d'un manque de disponibilité émotionnelle de la part de ces dernières. Cela peut mener à des adultes qui ont du mal à s'engager dans des relations intimes ou à exprimer leurs émotions.
- Attachement désorganisé : ce type d'attachement survient souvent dans des environnements instables ou traumatiques, et conduit à des adultes ayant des comportements contradictoires ou désorientés dans leurs relations.

Rôle de l'attachement dans les relations adultes :
L'attachement affecte les comportements sociaux, la gestion des émotions, et même la manière dont un individu se perçoit dans ses relations. Les adultes ayant un attachement sécurisant tendent à être plus à l'aise dans leurs interactions sociales, à établir des liens plus profonds et à gérer les conflits de manière constructive. En revanche, ceux ayant un attachement anxieux ou évitant peuvent avoir plus de difficulté à maintenir des relations équilibrées et saines, avec des comportements de dépendance ou d'évitement.

2. Communication : bases de l'écoute active et de l'empathie

L'écoute active :

L'écoute active est essentielle à la communication interpersonnelle. Elle consiste à écouter non seulement les mots qui sont dits, mais aussi à prêter attention à l'émotion sous-jacente, aux gestes, aux expressions faciales et à la tonalité de voix. Cela implique également de refléter et de reformuler ce que l'autre personne a exprimé pour montrer qu'on a compris et qu'on est pleinement présent.

- Techniques d'écoute active :
    - Reflet : reprendre ce que la personne a dit pour s'assurer de la compréhension (ex : "Si je comprends bien, vous vous sentez frustré parce que...").
    - Clarification : poser des questions pour éclaircir un point ou mieux comprendre la situation (ex : "Pouvez-vous m'expliquer un peu plus ce que vous ressentez dans cette situation ?").
    - Validation : reconnaître les émotions ou points de vue de l'autre personne, même si on ne les partage pas (ex : "Je comprends pourquoi cela pourrait vous contrarier").

L'empathie :

L'empathie est la capacité de comprendre et de partager les émotions de l'autre. Elle va au-delà de l'écoute active en impliquant une immersion émotionnelle dans l'expérience de l'autre. L'empathie permet non seulement de comprendre ce que l'autre vit, mais aussi de lui offrir un soutien émotionnel et d'établir une connexion plus profonde.

- Empathie cognitive : comprendre intellectuellement ce que l'autre vit.
- Empathie émotionnelle : ressentir ce que l'autre ressent et partager ces émotions de manière sincère.

La communication, qu'elle soit verbale ou non verbale, est au cœur de toutes les relations humaines. Une communication claire et empathique favorise des liens solides et une meilleure gestion des conflits. En hypnose, l'écoute active et l'empathie sont utilisées pour instaurer un climat de confiance et d'acceptation, ce qui permet au client de se sentir en sécurité et prêt à explorer des aspects plus profonds de son inconscient.

3. Influence sociale

Rôle du regard des autres :

L'influence sociale fait référence à l'impact que les autres ont sur nos croyances, nos décisions et nos comportements. Cela peut se manifester à travers plusieurs mécanismes :

- Conformisme : le désir de se conformer aux attentes sociales ou de suivre les normes de groupe, même si elles ne correspondent pas à nos croyances personnelles. Cela peut influencer les décisions, les comportements de consommation, ou même la manière de se comporter dans un groupe social.
- Obéissance : la tendance à se conformer aux instructions d'une figure d'autorité, même si ces instructions vont à

l'encontre de nos valeurs personnelles (comme l'ont montré les célèbres expériences de Milgram[2]).
- Effet de groupe : les individus ont tendance à se comporter différemment lorsqu'ils sont dans un groupe, souvent en raison de la pression sociale. Par exemple, les gens peuvent prendre plus de risques lorsqu'ils sont avec d'autres personnes (effet de groupe) ou se conformer aux attentes du groupe, même si cela contredit leur propre jugement.

Impact sur les croyances et comportements :
L'influence sociale façonne une grande partie de nos croyances, de notre identité et de nos comportements. Par exemple :
- Les croyances collectives peuvent être influencées par les normes sociales (comme les idéaux de beauté, la réussite professionnelle, ou les croyances politiques).
- L'effet de l'imitation : les individus ont tendance à imiter les comportements des autres, que ce soit dans un contexte social ou professionnel.
- Le biais de conformité : les gens tendent à adopter les opinions majoritaires d'un groupe même si elles sont manifestement erronées ou nuisibles.

Utilisation en hypnose :
En hypnose, la compréhension de l'influence sociale peut être utilisée pour aider les clients à identifier et à dissocier les croyances qui ont été adoptées de manière non-consciente à partir de

---

[2] En 1967, cette expérience a démontré que toute personne est capable d'effectuer des atrocités si l'autorité qui donne l'ordre de le faire est, à ses yeux, légitime.

l'influence sociale. Par exemple, un client peut avoir intégré des croyances limitantes ou des comportements nuisibles en raison de l'influence de son entourage, et l'hypnose peut l'aider à reprogrammer ces schémas pour adopter des comportements plus adaptés.

Les relations interpersonnelles jouent un rôle crucial dans la formation des croyances, des comportements et des émotions humaines. L'attachement, la communication et l'influence sociale influencent profondément nos interactions avec les autres et notre perception de nous-mêmes. En hypnose, comprendre ces dynamiques permet de mieux accompagner les clients dans la transformation de leurs croyances et comportements, notamment en travaillant sur les relations internes (comme les relations familiales ou sociales) et en réorientant les croyances limitantes issues de l'influence sociale.

Gestion du stress et de l'anxiété

La gestion du stress et de l'anxiété est un domaine clé de la psychologie, qui cherche à comprendre les mécanismes sous-jacents de ces phénomènes et à offrir des stratégies pour y faire face de manière efficace. Le stress et l'anxiété peuvent avoir des effets profonds sur le bien-être psychologique et physique, et il est essentiel de développer des outils pour mieux les comprendre et les réguler.

1. Réponses au stress : réaction de lutte ou de fuite, stress chronique et impact sur le corps
Réaction de lutte ou de fuite (réaction de stress aigu) :
La réaction de lutte ou de fuite est une réponse physiologique qui se déclenche lorsque l'individu perçoit une menace ou un danger. Ce mécanisme, décrit pour la première fois par Walter Cannon au début du 20e siècle, est une réponse instinctive du système nerveux autonome. Lorsqu'un stress aigu survient (comme dans une situation de danger immédiat), l'organisme se prépare à faire face à la menace soit par la lutte, soit par la fuite (c'est-à-dire fuir pour échapper au danger).

- Physiologie de la réaction de lutte ou de fuite : le corps libère des hormones de stress comme l'adrénaline et le cortisol, ce qui augmente la fréquence cardiaque, dilate les pupilles, libère de l'énergie pour les muscles et prépare le corps à une action rapide. Cette réponse est efficace à court terme pour faire face à un danger immédiat.

- Rôle de l'amygdale et du cortex préfrontal : l'amygdale, une structure cérébrale liée aux émotions, détecte les menaces, et envoie des signaux de danger au cerveau, tandis que le cortex préfrontal, responsable des décisions rationnelles, peut tenter de moduler cette réponse. Cependant, si cette réponse devient excessive ou mal régulée, cela peut entraîner des troubles anxieux.

Stress chronique :
Lorsque le stress devient chronique, c'est-à-dire qu'il dure longtemps et que l'individu est constamment sous pression, il peut avoir des effets délétères sur le corps et l'esprit. Le stress chronique peut provoquer de nombreux symptômes physiques et psychologiques :
- Physiques : tension musculaire, problèmes digestifs, troubles du sommeil, maladies cardiovasculaires (hypertension, risques d'AVC, etc.), déséquilibres hormonaux, etc.
- Psychologiques : fatigue mentale, irritabilité, anxiété, dépression, diminution de la capacité à se concentrer et à prendre des décisions.

Le stress chronique peut également affaiblir le système immunitaire, augmentant la susceptibilité à d'autres maladies et rendant l'individu plus vulnérable aux troubles psychologiques comme l'anxiété généralisée et la dépression.

2. Techniques de relaxation : respiration, ancrages, imagerie mentale

Respiration :
<u>La respiration est une technique de relaxation simple mais puissante</u> pour calmer le système nerveux et réduire les effets du stress. Elle permet de réduire l'activation de la réponse de lutte ou de fuite en activant le système nerveux parasympathique, qui est responsable des fonctions de relaxation du corps.

- Respiration abdominale : elle consiste à respirer profondément par le ventre, en inspirant lentement et profondément par le nez (en gonflant le ventre), puis en expirant lentement par la bouche. Cette technique permet de ralentir le rythme cardiaque et de diminuer les niveaux de cortisol dans le sang.
- Respiration carrée (ou box breathing) : c'est une technique qui consiste à inspirer pendant 4 secondes, retenir sa respiration pendant 4 secondes, expirer pendant 4 secondes et retenir encore pendant 4 secondes. Cela aide à concentrer l'esprit et à réguler le système nerveux.
- La cohérence cardiaque consiste à pratiquer une respiration lente et régulière, généralement à un rythme de 5 secondes d'inspiration et 5 secondes d'expiration, pendant environ 5 minutes, 3 fois par jour. Cette technique aide à synchroniser le rythme cardiaque avec la respiration, favorisant ainsi une réduction du stress, une amélioration de l'équilibre émotionnel et une réduction de l'anxiété. Elle permet de réguler le système nerveux autonome, contribuant à un état de relaxation profonde.

Ancrages :
L'ancrage est une technique utilisée en hypnose et en programmation neurolinguistique (PNL) qui permet d'associer un état émotionnel positif ou de relaxation à un geste ou une pensée spécifique. Cela crée un ancrage sensoriel, de sorte que l'on peut revivre un état de calme et de détente en répétant ce geste ou en pensant à cette expérience.

- Par exemple, en position de relaxation profonde, on peut se concentrer sur la sensation d'un objet (comme une pierre ou un bracelet) ou toucher un doigt à un autre pour associer cet acte à un état de relaxation. Plus cet ancrage est pratiqué, plus il devient puissant, permettant de déclencher la relaxation même dans des situations stressantes.

Imagerie mentale (ou visualisation) :
L'imagerie mentale est une technique où l'individu se représente mentalement des images ou des situations qui induisent un état de calme, de relaxation ou de bonheur. La visualisation de paysages apaisants ou de scénarios positifs peut réduire la tension et activer les zones du cerveau associées au bien-être.

- Par exemple, une personne pourrait imaginer qu'elle est allongée sur une plage, sentant la chaleur du soleil et écoutant le bruit des vagues. Cette technique permet de se détacher des sources de stress immédiat et de créer un espace mental de détente.

3. Différence entre anxiété et peur : identifier les déclencheurs pour adapter les interventions
Peur vs Anxiété :

Bien que la peur et l'anxiété soient souvent utilisées de manière interchangeable, elles sont en réalité deux émotions distinctes.

- La peur est une réponse émotionnelle immédiate à une menace réelle et immédiate. Elle est souvent déclenchée par un stimulus précis, comme un danger physique imminent (par exemple, voir un serpent ou entendre un bruit fort dans la nuit). La peur est généralement transitoire et disparaît une fois que la menace est écartée.
- L'anxiété, en revanche, est une réaction émotionnelle plus diffuse et anticipatoire. Elle est souvent liée à des préoccupations futures ou à des situations perçues comme menaçantes, mais qui ne sont pas nécessairement présentes. L'anxiété est souvent plus persistante et peut être vécue même sans stimulus externe immédiat. Elle peut être liée à des événements anticipés ou à des situations sociales, professionnelles ou personnelles, et elle peut se manifester sous forme de troubles anxieux, tels que l'anxiété généralisée, les phobies ou les attaques de panique. L'angoisse est plus aiguë et soudainement ressentie, tandis que l'anxiété est plus persistante et souvent liée à des préoccupations anticipatoires.

Identifier les déclencheurs :
Les déclencheurs de la peur et de l'anxiété peuvent être variés et dépendent de l'individu. Les thérapeutes, y compris les hypnothérapeutes, travaillent à identifier ces déclencheurs pour mieux adapter les interventions :

- Peur : elle peut être liée à des expériences traumatiques passées, des phobies spécifiques ou des événements qui ont

été perçus comme menaçants (par exemple, une mauvaise expérience chez le dentiste).
- Anxiété : elle peut être déclenchée par des situations incertaines ou par des pensées ruminantes, comme la crainte d'échouer, le stress lié à des événements futurs ou des attentes sociales.

Adapter les interventions :
La gestion de la peur et de l'anxiété varie en fonction du type et des déclencheurs. Certaines interventions peuvent inclure :
- La thérapie cognitivo-comportementale (TCC) : elle est particulièrement efficace pour traiter les troubles anxieux en aidant le client à restructurer ses pensées irrationnelles et à faire face aux situations anxiogènes.
- Hypnose et relaxation : ces techniques permettent de diminuer l'activation du système nerveux sympathique et de promouvoir un état de calme.
- La désensibilisation systématique : elle est utilisée pour traiter les phobies en exposant progressivement la personne au stimulus anxiogène dans un environnement contrôlé et détendu.

La gestion du stress et de l'anxiété repose sur une compréhension approfondie des mécanismes physiologiques et psychologiques sous-jacents à ces émotions. En combinant des techniques de relaxation, des stratégies cognitives et des interventions thérapeutiques comme l'hypnose, il est possible de réduire les effets du stress et de l'anxiété, d'améliorer la résilience et de promouvoir un bien-être durable. La clé réside dans l'identification des déclencheurs spécifiques et l'adaptation des interventions en fonction des besoins individuels.

Le cercle vicieux entre les tensions psychologiques et les tensions physiques engendre des tensions corporelles qui se répercutent au niveau psychologique, et vice-versa. Ces deux types de tensions s'alimentent mutuellement et peuvent conduire à une escalade, rendant la gestion du stress et des douleurs plus difficile.

1. Tensions psychologiques :
    - Les tensions psychologiques (comme le stress, l'anxiété, la colère, la frustration ou les pensées négatives) activent le système nerveux sympathique, ce qui est souvent associé à la réponse de lutte ou de fuite.
    - Cette activation engendre une augmentation de la production d'adrénaline et de cortisol (les hormones du stress). Ces hormones entraînent une série de réponses physiologiques telles qu'une augmentation de la fréquence cardiaque, une respiration plus rapide et la contracture des muscles.

2. Tensions physiques :
    - En réponse à ces émotions, le corps réagit par des tensions musculaires, surtout dans les zones du cou, des épaules, du dos, et de la mâchoire. Ces tensions sont une tentative du corps pour se préparer à une

réaction physique (lutte ou fuite), même si la situation réelle ne nécessite pas une telle réponse, car il s'agit d'une programmation génétique.
- Ces tensions musculaires, si elles sont maintenues sur une longue période, peuvent provoquer des douleurs chroniques, des maux de tête (comme des céphalées de tension), des troubles de la posture, et des problèmes de mobilité.

3. Renforcement mutuel :
   - Tensions physiques exacerbées : lorsque des tensions musculaires persistent, elles augmentent la douleur et l'inconfort, ce qui crée un sentiment de frustration, d'impuissance et de stress supplémentaire. Cela peut également conduire à une diminution de la circulation sanguine dans les zones concernées, exacerbant ainsi la douleur.
   - Renforcement des tensions psychologiques : la douleur physique devient un stimulus stressant supplémentaire, ce qui renforce les émotions négatives et les pensées anxieuses. Par exemple, une douleur persistante peut entraîner de l'anxiété concernant la santé, augmenter les pensées négatives (comme « je ne vais jamais m'en sortir ») et alimenter l'anxiété générale.

Exemples
1. Stress au travail :
   - Vous êtes stressé au travail à cause d'une charge de travail trop importante. Ce stress vous fait contracter

les muscles du dos, des épaules et du cou, entraînant une douleur physique.
- Cette douleur génère encore plus de stress émotionnel, car vous vous inquiétez de la persistance de la douleur, ce qui augmente à nouveau la tension musculaire, créant un cercle sans fin.

2. Anxiété sociale :
    - Lors d'une situation sociale, vous ressentez de l'anxiété qui vous pousse à serrer les muscles de votre visage, de votre mâchoire, ou à adopter une posture tendue. Cette tension corporelle peut augmenter la sensation de malaise, vous amenant à être encore plus nerveux et anxieux.
    - La sensibilité accrue à la douleur ou à l'inconfort physique peut alors intensifier l'anxiété sociale, créant un cercle vicieux.

3. Douleurs chroniques :
    - Une personne souffrant de douleurs chroniques (par exemple, des douleurs lombaires) peut devenir anxieuse à l'idée que la douleur ne disparaisse pas. L'anxiété créée par cette peur peut augmenter la tension musculaire dans le corps, ce qui rend la douleur encore plus persistante.
    - La douleur persistante peut, à son tour, amplifier l'anxiété et les pensées catastrophiques sur la santé, renforçant ainsi le cercle vicieux.

Comment briser le cercle vicieux ?

1. Relaxation physique et mentale :
   - La relaxation musculaire progressive (où l'on contracte puis relâche les muscles pour réduire la tension) et des techniques comme la méditation, la respiration profonde ou l'hypnose peuvent aider à réduire la tension physique et émotionnelle.
   - L'exercice physique aide à relâcher les tensions corporelles tout en libérant des endorphines (hormones du bien-être) qui contrent les effets du cortisol, réduisant ainsi le stress et la douleur.

2. Pratique de la pleine conscience :
   - La pleine conscience (mindfulness) permet de mieux observer ses émotions et tensions physiques sans jugement, ce qui permet de réduire l'impact émotionnel du stress et de la douleur, tout en facilitant la gestion des tensions physiques.

3. Gestion du stress :
   - En réduisant le stress mental, on peut diminuer l'activation du système nerveux sympathique et, ainsi, limiter les tensions musculaires. La gestion du temps, la délégation de tâches et l'utilisation de stratégies de relaxation sont des outils efficaces.

4. Thérapie cognitivo-comportementale (TCC) :
   - La TCC peut être utilisée pour traiter les pensées négatives et anxieuses liées à la douleur et au stress.

Par exemple, le recadrage cognitif peut aider à modifier les pensées irrationnelles qui amplifient la souffrance.

5. Approches somatiques :
    - Des approches comme l'intégration somatique ou le yoga thérapeutique aident à reconnecter l'esprit et le corps, facilitant la libération de la tension corporelle tout en travaillant sur les émotions sous-jacentes.

Système nerveux autonome : systèmes sympathique et parasympathique

Le système nerveux sympathique est responsable des réactions de lutte ou de fuite face au stress. Il est stimulé dans chaque situation qui nécessite de consommer plus d'énergie, il augmente la fréquence cardiaque, dilate les pupilles et prépare le corps à l'action en libérant des hormones comme l'adrénaline. En revanche, le système nerveux parasympathique est associé à des fonctions de repos et de récupération. Il favorise la détente, ralentit le cœur, et aide à digérer et à régénérer le corps après une période de stress. Ces deux systèmes travaillent ensemble pour maintenir un équilibre dans le corps, en activant alternativement des réponses face aux différentes situations.

Schéma du système nerveux autonome

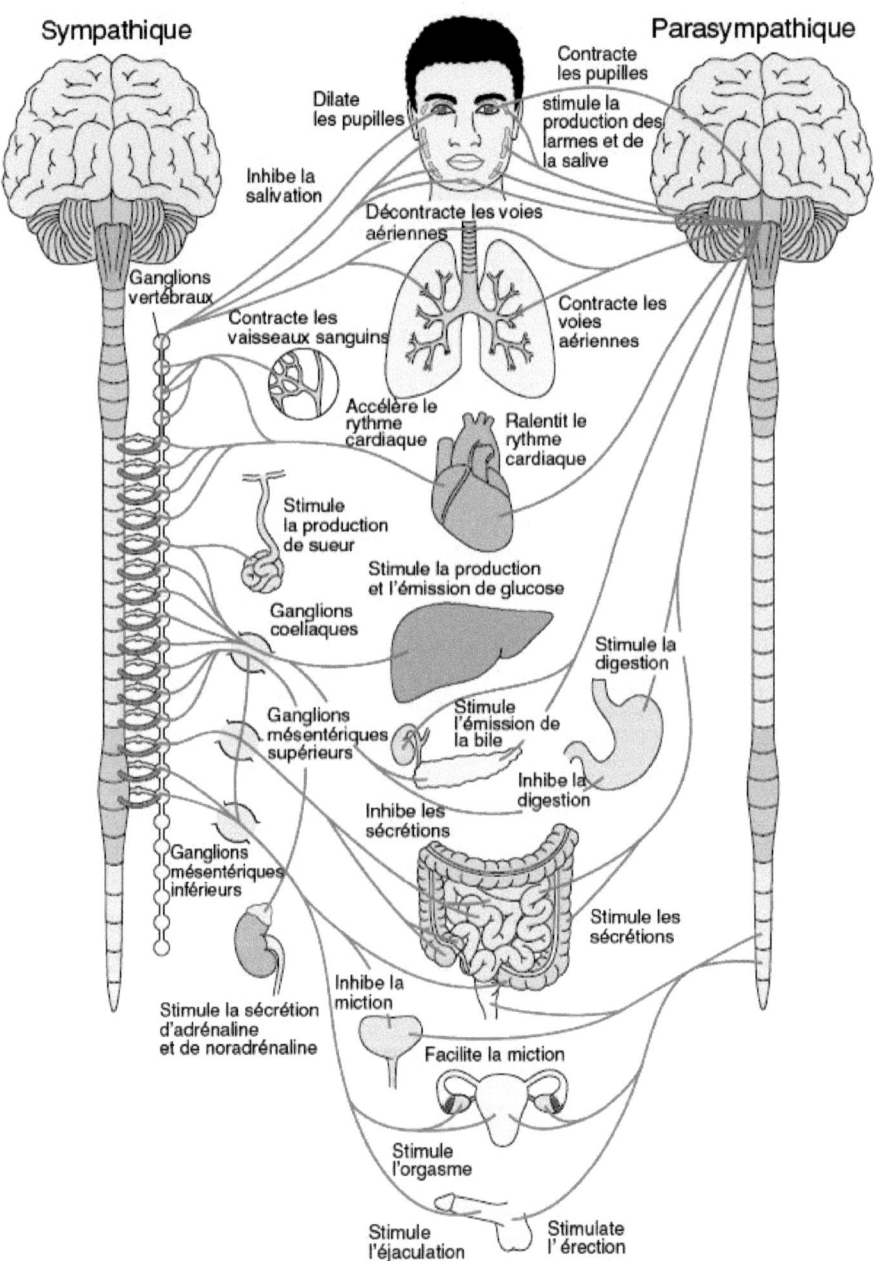

Guide rapide de psychologie & de psychopathologie

Psychopathologie de base

La psychopathologie est une branche de la psychologie qui étudie les troubles mentaux, leurs causes, leurs manifestations et leurs traitements. Elle se concentre sur la compréhension des anomalies du comportement, des émotions et des pensées qui <u>dévient des normes attendues dans une culture donnée, tout en affectant le bien-être de l'individu</u>.

Elle se base sur :

1. Les critères diagnostiques : les troubles mentaux sont souvent identifiés en se basant sur des critères cliniques définis par des manuels comme le DSM (Manuel diagnostique et statistique des troubles mentaux) ou la CIM (Classification internationale des maladies). Ces manuels permettent de classer les différents troubles psychiques selon des symptômes, des comportements et des critères spécifiques.

2. Les théories psychologiques : plusieurs écoles de pensée, telles que la psychanalyse, le béhaviorisme, la psychologie cognitive et les approches systémiques, influencent la compréhension des troubles mentaux. Chaque théorie propose des explications différentes sur la cause des troubles psychiques.

3. Les facteurs biologiques et environnementaux : la psychopathologie s'intéresse aussi aux facteurs génétiques,

neurobiologiques (comme les déséquilibres chimiques dans le cerveau), ainsi qu'aux influences environnementales, culturelles et familiales qui peuvent interagir et contribuer à l'émergence d'un trouble mental.

4. Les observations cliniques et l'expérience : les professionnels de santé mentale utilisent leur expérience clinique et les observations de patients pour mieux comprendre les symptômes et leur évolution au fil du temps, et déterminer des stratégies de traitement appropriées.

La psychopathologie se base donc sur un ensemble multidimensionnel d'approches théoriques et pratiques pour diagnostiquer, comprendre et traiter les troubles mentaux. Il ne s'agit cependant pas d'une science fixe et définitive, mais plutôt un domaine dynamique, en constante évolution, avec des incertitudes, des fluctuations et des révisions régulières. Plusieurs facteurs contribuent à cette fluidité :

1. Les évolutions des critères diagnostiques : les classifications des troubles mentaux peuvent changer au fil du temps en fonction de nouvelles découvertes et des avancées dans la recherche. Par exemple, certaines conditions peuvent être redéfinies ou même réévaluées, comme ce fut le cas pour l'autisme ou le trouble de stress post-traumatique (TSPT), dont la compréhension a évolué au fil des ans.

2. L'impact des approches théoriques diverses : chaque approche a sa propre manière de concevoir et de traiter les

troubles mentaux, ce qui peut mener à des interprétations variées et à des approches multiples.

3. L'individualité des patients : les troubles mentaux sont très complexes et varient considérablement d'un individu à l'autre. Les réponses au traitement, les facteurs contributifs et la manifestation des symptômes sont uniques à chaque personne, ce qui rend difficile l'établissement de règles strictes et universelles.

4. Les découvertes scientifiques continues : la recherche en psychologie et neurosciences est toujours en cours. De nouvelles découvertes peuvent perturber les théories existantes, changer notre compréhension des troubles mentaux et aboutir à de nouveaux traitements. Cela peut aussi entraîner des débats et des remises en question de certaines définitions ou conceptions.

Les troubles courants :
1. Anxiété : l'anxiété est une réponse émotionnelle caractérisée par une inquiétude excessive, un sentiment de tension et des réactions physiologiques telles que la transpiration ou la fréquence cardiaque élevée. Elle peut devenir problématique lorsqu'elle est disproportionnée par rapport à la situation. Les formes graves incluent l'anxiété généralisée, où une personne se sent constamment inquiète sans raison apparente, et les troubles panique, où des crises de terreur soudaines se produisent.

2. Dépression : la dépression est un trouble de l'humeur caractérisé par un sentiment persistant de tristesse, de désespoir et un manque d'énergie. Les symptômes peuvent inclure des troubles du sommeil, une perte d'intérêt pour les activités quotidiennes, et des pensées suicidaires. Elle peut interférer avec la vie quotidienne et affecter gravement les relations, le travail et les activités sociales.

3. Phobies : les phobies sont des peurs irrationnelles et persistantes vis-à-vis d'un objet ou d'une situation particulière, telles que la phobie sociale, la claustrophobie ou la phobie des araignées. Ces peurs déclenchent une réaction de stress intense disproportionnée et souvent évitée par la personne concernée.

4. Troubles obsessionnels-compulsifs (TOC) : les TOC sont caractérisés par des pensées obsessionnelles (pensées récurrentes et intrusives) et des comportements compulsifs (rituels répétitifs) qui sont censés réduire l'anxiété liée à ces pensées. Par exemple, une personne peut se laver les mains de façon excessive pour éviter la contamination, même si cela semble irrationnel.

En tant que praticien en hypnose, il est crucial de savoir identifier quand il est nécessaire de référer un client à un psychologue ou un psychiatre. Bien que l'hypnose puisse être utile pour traiter de nombreux symptômes, elle n'est pas toujours adaptée pour traiter des troubles graves ou profonds tels que :
- Les troubles psychotiques (par exemple, la schizophrénie).

- Les troubles de l'humeur graves (par exemple, la dépression majeure nécessitant un traitement médicamenteux).
- Les troubles alimentaires sévères (comme l'anorexie mentale).
- Les idées suicidaires ou le risque de danger pour soi-même ou autrui.

Dans de tels cas, l'hypnose peut être utilisée en complément du traitement médical et psychothérapeutique, mais elle ne doit jamais être un substitut aux soins professionnels spécialisés. Dans ces situations, l'avis du médecin prévaut systématiquement.

L'hypnose peut être un outil puissant dans le traitement de certains troubles mentaux, mais elle a des limites :

1. Rôles de l'hypnose dans les troubles pathologiques :
    - Réduction du stress et de l'anxiété : l'hypnose permet de guider les patients dans un état de relaxation profonde, réduisant ainsi les symptômes d'anxiété et de stress.
    - Gestion des douleurs chroniques : dans des troubles comme la fibromyalgie ou les douleurs chroniques, l'hypnose peut aider à modifier la perception de la douleur.
    - Phobies et TOC : l'hypnose peut être utilisée pour modifier les réponses émotionnelles et comportementales associées aux phobies et aux comportements compulsifs.
    - Régulation émotionnelle : l'hypnose peut également être bénéfique pour les personnes souffrant de

troubles de l'humeur, en aidant à réguler les émotions et à développer des stratégies d'adaptation.

2. Limites de l'hypnose dans les pathologies graves :
   - Pas de traitement pour les troubles psychotiques ou graves : l'hypnose ne peut pas traiter les troubles mentaux graves, comme la schizophrénie, où des traitements psychiatriques appropriés sont nécessaires.
   - Risque de fausses mémoires : dans le cadre de la récupération de souvenirs traumatiques, l'hypnose comporte un risque de création de faux souvenirs, ce qui nécessite une gestion rigoureuse de la pratique.
   - Nécessité d'une collaboration avec d'autres professionnels de santé : dans certains cas, l'hypnose est utilisée en complément d'autres formes de thérapie (comme la thérapie cognitivo-comportementale ou la médication) plutôt que comme traitement exclusif.

L'hypnose est un outil utile pour soulager certains symptômes psychologiques et améliorer le bien-être émotionnel, mais elle ne doit pas remplacer une prise en charge médicale spécialisée lorsque des troubles psychiques graves sont présents.

Le DSM-5

La version la plus récente du Manuel diagnostique et statistique des troubles mentaux (DSM) est le DSM-5-TR, publié en mars 2022.
Le DSM a été élaboré par l'Association américaine de psychiatrie (APA) pour fournir une classification standardisée des troubles mentaux, facilitant ainsi le diagnostic, le traitement et la recherche en santé mentale.
Le DSM est une référence admise pour les professionnels de la santé mentale, offrant des critères diagnostiques précis pour identifier et catégoriser les troubles mentaux. Il est utilisé pour :

- Établir des diagnostics cliniques : fournir des critères précis pour identifier les troubles mentaux.
- Faciliter la communication : assurer une compréhension commune des troubles mentaux parmi les professionnels de la santé.
- Orienter la recherche : identifier les domaines nécessitant des études supplémentaires.
- Assurer la cohérence : maintenir une uniformité dans le diagnostic des troubles mentaux.

Le DSM est donc un outil essentiel pour le diagnostic et le traitement des troubles mentaux, contribuant à une approche cohérente et informée de la santé mentale.
Les descriptions des troubles décrits dans les chapitres suivants sont globalement issues du DSM-5.

www.msdmanuals.com/fr

Les troubles de la personnalité

Votre personnalité est votre façon unique de penser, de comprendre, de réagir, et d'interagir avec les autres. Beaucoup de gens peuvent sembler avoir une personnalité inhabituelle. Cependant, on considère qu'ils ont un *trouble* de la personnalité uniquement si leur personnalité :

- Est à l'origine de problèmes significatifs au travail ou à l'école
- Les empêche d'interagir normalement avec autrui
- N'est pas quelque chose qu'ils sont capables de modifier ou d'adapter, même si elle provoque des problèmes

Les personnes présentant un trouble de la personnalité pensent généralement qu'elles vont bien. Elles peuvent être perturbées par les conséquences du trouble de la personnalité dont elles sont atteintes, comme un divorce ou la perte d'un emploi. Cependant, en général, elles pensent que ces problèmes sont la faute des autres, et non la leur. Les autres personnes rencontrent généralement des difficultés à interagir avec une personne souffrant d'un trouble de la personnalité.

De nombreuses personnes atteintes d'un trouble de la personnalité présentent également d'autres problèmes tels que la dépression, de l'anxiété, des troubles liés à l'abus d'alcool ou de drogues ou des troubles alimentaires.

Les troubles de la personnalité sont provoqués par les deux éléments suivants :
- Les gènes (traits transmis par les parents)
- L'environnement (y compris la vie familiale et les expériences de la vie sociale)

Les symptômes apparaissent en général pendant l'adolescence. Parfois, les symptômes s'améliorent avec l'âge. Certains ont des problèmes toute leur vie.

Il existe différents troubles de la personnalité. Chacun d'entre eux présente des symptômes différents. Cependant, la plupart des troubles sont caractérisés par des problèmes relationnels, par exemple :
- Ne pas être capable d'établir des liens étroits et stables avec autrui
- Agir d'une manière qui semble grossière ou froide
- Les membres de sa famille ainsi que les autres personnes peuvent trouver la personne perturbante, déroutante, ou frustrante

Les problèmes de couple vécus par la personne atteinte peuvent compliquer :
- Le mariage, la stabilité d'un mariage
- Le fait d'élever des enfants
- Le fait de garder un emploi

Une personne atteinte d'un trouble de la personnalité n'est généralement pas consciente de son propre rôle dans la création de ses problèmes.

Il existe 10 troubles de la personnalité que l'on classe en 3 catégories générales selon le style global de la personnalité de la personne :

Bizarre ou excentrique

- Trouble de la personnalité paranoïde : méfiante et soupçonneuse
    - Une tendance à la méfiance et à la suspicion lorsque ces sentiments sont injustifiés
    - Soupçonnent les autres d'être dangereux et hostiles et de leur vouloir du mal ou de vouloir les tromper
    - Méprennent les paroles ou les actions des autres pour des insultes quand cela ne se justifie pas
    - Sont rancunières, exigent une loyauté sans faille, et réagissent exagérément quand elles pensent que quelqu'un les a trahies
    - Ont des difficultés à établir des liens étroits, car elles ne font confiance à personne
    - Se mettent rapidement en colère quand elles se sentent menacées

- Trouble de la personnalité schizoïde : distante et sans émotion
    - Détachées émotionnellement et préfèrent être seules plutôt qu'avec d'autres personnes
    - N'ont pas de relations étroites ou ne veulent pas en avoir, elles préfèrent être seules

- Ne s'intéressent pas au contact physique ou aux relations sexuelles, elles n'ont souvent pas de relations amoureuses et ne se marient pas
- Ne semblent pas se soucier de ce que les autres pensent d'elles
- Semblent froides et distantes, car leur visage change rarement pour montrer de la joie ou de la tristesse
- Ont des problèmes à exprimer leur colère
- Choisissent des emplois et des passe-temps qui ne nécessitent pas d'interaction avec d'autres personnes

- Trouble de la personnalité schizotypique : pensées étranges et désorganisées
    - Se comportent bizarrement, sont mal à l'aise avec les autres, et sont quelque peu déconnectées de la réalité
    - Évitent les situations sociales et préfèrent être seules
    - N'ont pas d'amis proches
    - Ont des difficultés à interpréter les émotions des autres
    - Pensent d'une manière étrange, magique, elles croient par exemple qu'elles peuvent contrôler quelqu'un avec leur esprit
    - Sont suspicieuses et méfiantes, croyant par exemple à tort que quelqu'un leur veut du mal
    - Utilisent des mots d'une façon inhabituelle, de sorte que leur langage est étrange

- S'habillent étrangement, par exemple en portant des vêtements sales ou mal ajustés

Comportements excessifs et imprévisibles
- Trouble de personnalité antisociale : cynique, implacable, et impulsive
  - Tendance à ne pas se soucier de la façon dont les paroles et les actions touchent les autres
  - Ce trouble est beaucoup plus fréquent chez les hommes que chez les femmes. Les personnes semblent aller mieux avec l'âge.
  - Harceler d'autres personnes, détruire des biens, ou enfreindre la loi
  - Mentir et profiter d'autrui pour obtenir ce qu'elles veulent
  - Manquer d'empathie (ne pas se soucier des autres)
  - Ignorer les droits et les sentiments d'autrui
  - Trouver des excuses pour leurs problèmes de comportement ou rejeter la faute sur les autres
  - Agir de manière agressive ou irresponsable (par exemple, en quittant soudainement un emploi ou en ne payant pas leurs factures)
  - Ne pas se sentir désolées pour ce qu'elles ont fait
  - Avoir des troubles liés à l'usage de drogues ou d'alcool
  - Elles peuvent paraître charmantes et convaincantes lorsqu'elles essaient d'obtenir de ce qu'elles veulent.

- Trouble de la personnalité borderline : sautes d'humeur extrêmes, peur de l'abandon
    - Une instabilité extrême des humeurs, des relations, et du comportement
    - Se mettent à paniquer ou en colère quand un ami a quelques minutes de retard ou annule un rendez-vous, ce qui provoque chez elles un sentiment d'abandon
    - S'énervent rapidement et s'en prennent à leurs amis, leur conjoint, et leur famille, en particulier quand elles pensent que quelqu'un ne répond pas à leurs exigences élevées en matière de soutien
    - Changent d'opinions rapidement, en passant, par exemple soudainement de l'éloge à la critique excessive d'une même personne
    - Font des choses peu judicieuses de façon impulsive, comme d'avoir des rapports sexuels à risque, dépenser trop, conduire de façon imprudente, consommer des drogues, ou boire trop
    - Sabotent leurs propres efforts lorsqu'elles sont sur le point d'atteindre un but, comme abandonner leurs études juste avant de recevoir leurs diplômes
    - Se blessent intentionnellement, par exemple en se coupant ou en se brûlant
    - Créent des situations de crise, par une tentative de suicide par exemple, pour empêcher les autres de les abandonner
    - Bien que la plupart de leurs actions autodestructrices ne soient pas mortelles, près d'une

personne atteinte de personnalité borderline sur 10 meurt de <u>suicide</u>.
➢ Le trouble de la personnalité borderline est plus fréquent chez les femmes que chez les hommes.

- Trouble de la personnalité histrionique : comportements excessifs et séducteurs inadaptés
    ➢ Un désir d'être le centre de l'attention et des comportements excessifs et inappropriés pour attirer l'attention
    ➢ Trouble plus fréquent chez les femmes
    ➢ Sont dynamiques, enthousiastes, séductrices, charmantes
    ➢ Ont besoin d'attention et se sentent déprimées lorsqu'elles ne l'obtiennent pas
    ➢ Portent des vêtements excessivement sexy ou provocateurs, inappropriés pour aller travailler ou étudier, dans le but d'attirer l'attention
    ➢ Ont des émotions qui changent rapidement et qu'elles expriment de façon spectaculaire
    ➢ Sont facilement influencées par les autres
    ➢ Ont des difficultés à développer des relations intimes
    ➢ Ont soif de nouveauté et d'excitation et s'ennuient facilement ; de ce fait, elles ont tendance à changer d'emploi et d'amis fréquemment.

- Trouble de la personnalité narcissique : mégalomaniaque et égocentrique, profite des autres

- Une tendance à se sentir supérieur aux autres, un besoin d'être admiré, et un manque d'empathie
- Pensent qu'elles sont plus importantes et plus spéciales que les autres
- Exagèrent leurs réalisations et sous-estiment celles des autres
- Sont très sensibles aux échecs ou aux critiques, qui les mettent en colère ou les dépriment
- Se voient comme étant très intelligentes, d'une grande beauté, ou extrêmement importantes
- Profitent des autres
- Ont un besoin constant d'être félicitées et admirées
- Envient les autres, et croient souvent que les autres les envient
- Ce trouble concerne plus souvent des hommes.

Anxieuse ou craintive
- Trouble de la personnalité évitante : anxieuse et craintive au sujet des situations sociales
  - Une tendance à éviter autrui et les situations sociales par crainte d'être rejeté ou critiqué
  - Ont une faible estime d'elles-mêmes et sont très sensibles à la critique
  - Veulent avoir des amis, mais ont des difficultés à s'en faire
  - Évitent les situations sociales, car elles se sentent gênées ou craignent qu'on se moque d'elles
  - Évitent d'interagir avec de nouvelles personnes ou de prendre de nouvelles responsabilités au travail

- ➤ Ont tendance à être calmes et timides, car elles craignent de dire quelque chose de déplacé
- ➤ Se considèrent comme indignes et supposent que les autres les désapprouvent
- ➤ Ne veulent pas essayer de nouvelles activités ou prendre des risques
- ➤ Trouble plus fréquent chez les femmes

- Trouble de la personnalité dépendante : dépendante et en manque d'affection
  - ➤ Une tendance à se sentir extrêmement dépendant des autres
  - ➤ Craignent de ne pas pouvoir prendre soin d'elles-mêmes et ont peur qu'on les abandonne
  - ➤ Adoptent un comportement de soumission et semblent dans le besoin pour que d'autres veuillent s'occuper d'elles
  - ➤ Manquent de confiance en elles et ont besoin de beaucoup de réconfort
  - ➤ Demandent des conseils, même pour des décisions simples
  - ➤ Laissent les autres prendre les décisions pour elles, par exemple, en laissant leur conjoint leur dire quels vêtements porter, quel emploi accepter, et qui sont leurs amis
  - ➤ Laissent les autres profiter d'elles, en acceptant d'accomplir des tâches désagréables pour eux par exemple

- ➢ Tolèrent les abus physiques, émotionnels, ou sexuels par peur de perdre le soutien de l'auteur des abus
- ➢ Ont du mal à être en désaccord avec les autres, même quand elles ont raison
- ➢ Ont du mal à commencer des projets spontanément ou à travailler de manière indépendante, mais quand elles se sentent rassurées par le fait que quelqu'un les soutient, elles fonctionnent généralement bien.

- Trouble de la personnalité obsessionnelle compulsive : perfectionniste et rigide
    - ➢ Un souci permanent d'ordre, de perfection, et de faire les choses d'une certaine manière
    - ➢ Portent un intérêt inhabituel aux règles, horaires, listes
    - ➢ Accordent une grande importance à la minutie et au soin
    - ➢ Ont un besoin démesuré de tout contrôler et de tout planifier
    - ➢ Sont inflexibles et n'aiment pas le changement
    - ➢ Se concentrent sur les détails plutôt que sur l'important
    - ➢ Sont réticentes à demander l'aide d'autrui
    - ➢ Sont très rigides dans leurs valeurs et ne font pas d'exceptions
    - ➢ N'est pas perturbé, car pense que ses habitudes l'aident à atteindre ses objectifs.

Certains troubles de la personnalité commencent à poser des problèmes plus tôt dans la vie que d'autres. Certains sont plus fréquents chez les hommes ou chez les femmes.

Parfois, il est difficile de dire si la personne a seulement un trouble de la personnalité. Certaines personnes semblent avoir certains aspects de plusieurs troubles de la personnalité. D'autres présentent également un autre problème de santé mentale comme l'anxiété ou la dépression.

Bien que la plupart des personnes atteintes de troubles de la personnalité parviennent à se débrouiller dans la vie, certaines ont de sérieux problèmes. Elles peuvent avoir des problèmes d'alcoolisme ou de toxicomanie, des problèmes de pratiques sexuelles à risque, ou sont impliquées dans des affaires criminelles. Elle peut même tenter de se faire du mal ou de se suicider.

En général, la personne ne se rend pas compte qu'elle a un trouble de la personnalité. Souvent, la personne atteinte ne recherche pas d'aide spontanément. Au lieu de cela, ses amis, sa famille, ou un organisme social pourront l'orienter pour qu'elle obtienne de l'aide lorsque son comportement entraîne des problèmes.

Afin de s'assurer que la personne souffre d'un trouble, les médecins essaient généralement de parler avec les membres de la famille de la personne. Une fois qu'ils ont une vue d'ensemble, ils peuvent déterminer de quel trouble de la personnalité la personne souffre.

Les médecins traitent différents types de troubles de la personnalité différemment. L'accompagnement ou une thérapie par la parole sont des éléments essentiels du traitement. Différents types d'accompagnements peuvent être préférables pour différents troubles de la personnalité.

Des médicaments peuvent contribuer à soulager certains symptômes de certains troubles de la personnalité, tels que la dépression, l'anxiété, les sautes d'humeur, ou les pensées étranges. Cependant, les médicaments ne guérissent pas le trouble.

Il est utile d'impliquer des membres de la famille dans le traitement. Les psychiatres, le personnel infirmier, et les assistants sociaux travaillant dans le cadre d'une équipe participent au soutien des personnes atteintes de troubles plus sévères.

Les changements se font lentement. Bien que les comportements puissent changer en un an, les traits de personnalité peuvent être plus difficiles à modifier.

Parfois, des comportements dangereux peuvent justifier un traitement dans un hôpital pendant quelques jours.

Les traitements peuvent aider les personnes à :
- Réduire le stress, l'anxiété, ou la dépression
- Comprendre que leurs problèmes ne sont pas causés par d'autres personnes ou situations
- Éviter les comportements dangereux ou néfastes
- Essayer de modifier les traits de personnalité qui causent des problèmes

L'hypnose peut apporter un soutien précieux pour réduire certains symptômes des troubles de personnalité, favoriser des changements comportementaux, et améliorer la gestion des émotions. Toutefois, elle est souvent plus efficace lorsqu'elle est intégrée à une approche multidisciplinaire, incluant des thérapies comportementales et cognitives, un suivi psychologique et, dans certains cas, des médications pour traiter des symptômes plus graves.

Il est essentiel de bien évaluer chaque cas avant d'utiliser l'hypnose et de prendre en compte les résistances potentielles liées à certains types de troubles de personnalité.

Son efficacité dépend du type de trouble, de la gravité des symptômes, et de l'approche thérapeutique utilisée.

Types de troubles de la personnalité et pertinence de l'hypnose :
- Trouble borderline (état limite) :
  L'hypnose peut aider à réguler les émotions, à diminuer l'impulsivité, et à renforcer les ressources internes. Des techniques comme la visualisation positive ou le travail sur l'estime de soi peuvent être bénéfiques. Cependant, <u>il faut être prudent</u>, car ces patients peuvent avoir des réactions imprévisibles ou ressentir un manque de contrôle.
- Trouble de la personnalité évitante :
  L'hypnose peut aider à réduire l'anxiété sociale et à renforcer la confiance en soi en travaillant sur les croyances limitantes et les peurs sous-jacentes.
- Trouble de la personnalité obsessionnelle-compulsive :
  L'hypnose peut être utilisée pour relâcher les rigidités cognitives et encourager une pensée plus flexible, tout en diminuant l'anxiété associée aux routines rigides.
- Trouble de la personnalité narcissique :
  L'hypnose peut être moins efficace ici, car ce trouble implique souvent des résistances et un manque de conscience des problématiques personnelles.

- Trouble de la personnalité dépendante :
  L'hypnose peut aider à développer l'autonomie et à renforcer la capacité à prendre des décisions indépendantes.
- Troubles de la personnalité paranoïaque ou schizoïde :
  <u>L'hypnose est déconseillée</u> ou utilisée avec grande prudence, car ces patients peuvent percevoir l'intervention comme intrusive ou menaçante.

Objectifs de l'hypnose dans ces contextes :
- Gestion des émotions :
  Travailler sur des émotions intenses, comme la colère, l'anxiété ou la honte, est souvent central.
- Changements de croyances :
  Modifier des croyances limitantes ou dysfonctionnelles peut permettre une meilleure adaptation.
- Renforcement des ressources internes :
  L'hypnose peut aider à cultiver des sentiments de sécurité intérieure, de résilience et d'estime de soi.
- Travail sur les traumatismes :
  Certains troubles de la personnalité, comme le trouble borderline, sont souvent liés à des traumatismes précoces. L'hypnose peut être un outil puissant pour traiter ces blessures.
- L'hypnose peut être un complément utile pour améliorer l'engagement dans la thérapie, renforcer les outils acquis et réduire les symptômes spécifiques (anxiété, impulsivité, etc.).

- Elle doit être utilisée par un praticien expérimenté en santé mentale, capable d'adapter les techniques à la condition spécifique du patient.

Les névroses

Les névroses sont un groupe de troubles psychologiques qui se caractérisent par une anxiété excessive, des comportements compulsifs, des pensées obsessionnelles ou des phobies, sans que la personne perde contact avec la réalité (comme c'est le cas dans les psychoses). En d'autres termes, une personne souffrant de névrose est généralement consciente de ses symptômes, mais ceux-ci peuvent perturber son bien-être émotionnel et ses activités quotidiennes. Ces troubles peuvent être vus comme des manifestations de suradaptation psychique et comportementale. Cette perspective met en lumière comment l'individu, face à des contraintes internes ou externes, développe des stratégies d'ajustement excessives pour maintenir un équilibre psychologique. Ces stratégies, bien qu'initialement utiles, deviennent problématiques lorsqu'elles génèrent une souffrance persistante ou limitent les capacités d'adaptation.

Caractéristiques des névroses :
1. Anxiété : les névroses sont souvent associées à un niveau élevé d'anxiété. Cette anxiété peut se manifester sous forme de peurs irrationnelles, de panique, de stress constant ou de tensions internes.

2. Conscience de la souffrance : contrairement aux troubles psychotiques, les individus névrotiques ont généralement conscience de leurs symptômes et cherchent à comprendre ou à résoudre leur mal-être. Ils peuvent ressentir de la

frustration en raison de leurs difficultés à gérer certaines émotions ou comportements.

3. Absence de distorsions cognitives graves : bien que les personnes atteintes de névrose puissent avoir des pensées irrationnelles, elles ne sont pas complètement déconnectées de la réalité. Contrairement à la psychose, il n'y a pas de perte de contact avec la réalité.

4. Symptômes émotionnels et physiques : les névroses peuvent se manifester par des symptômes émotionnels, mais également par des symptômes physiques, comme des tensions musculaires, des troubles du sommeil, des maux de tête, ou des troubles gastro-intestinaux liés au stress.

Types de névroses :
1. Névrose anxieuse (ou névrose de l'anxiété) : il s'agit de peurs irrationnelles ou de panique qui ne sont pas liées à une menace réelle. Cela inclut des troubles comme les phobies (exemple : peur de l'avion, des espaces fermés), ou des troubles anxieux généralisés où l'individu ressent une inquiétude constante.

    - Trouble anxieux généralisé

        › Les personnes atteintes d'un trouble anxieux généralisé ressentent une inquiétude et une souffrance constantes et ont du mal à maîtriser ces émotions. L'intensité, la fréquence ou la durée de ces

inquiétudes sont disproportionnées par rapport à la situation réelle.
- ➢ Ces inquiétudes sont générales par nature, concernent de nombreux sujets et passent souvent de l'un à l'autre au fil du temps. Les soucis fréquents comprennent les responsabilités professionnelles et familiales, l'argent, la santé, la sécurité, les réparations automobiles et les corvées.

- Phobie spécifique
  - ➢ Les personnes atteintes d'une phobie spécifique développent une peur ou une anxiété marquée en réponse à un objet ou une situation spécifique.
  - ➢ Les phobies spécifiques sont des troubles anxieux fréquents qui touchent environ 8 % des femmes et 3 % des hommes.
  - ➢ Les personnes ressentent une peur ou une anxiété qui répond à tous les critères suivants :
    - ✓ Elle est intense et présente depuis au moins 6 mois
    - ✓ Elle porte sur un objet ou une situation spécifique
    - ✓ Elle survient immédiatement lorsque les personnes sont confrontées à l'objet ou à la situation
    - ✓ Elle conduit à l'évitement de la situation ou de l'objet
    - ✓ Elle est hors de proportion avec le danger réel

- ✓ Elle provoque une souffrance importante ou entrave considérablement le fonctionnement des personnes

2. Névrose obsessionnelle-compulsive (NOC) : cette névrose implique des pensées intrusives (obsessions) et des comportements répétitifs ou ritualisés (compulsions) pour soulager l'anxiété, comme se laver les mains de manière excessive ou vérifier constamment si les portes sont fermées. Le trouble obsessionnel compulsif (TOC) est un peu plus fréquent chez les femmes que chez les hommes et touche environ 1 à 2 % de la population.

   Les obsessions courantes comprennent :
   - Des inquiétudes liées à une contamination (par exemple, craindre que les poignées de porte ne transmettent une maladie)
   - Doutes (par exemple, s'inquiéter que la porte d'entrée ne soit pas verrouillée)
   - Inquiétudes liées au fait que les choses ne soient pas parfaitement alignées ou régulières

   Comme les obsessions sont désagréables, les personnes affectées essaient souvent de les ignorer et/ou de les contrôler.
   Les compulsions (aussi appelées rituels) sont un des moyens que les personnes ont pour répondre à leurs obsessions. Par exemple, elles peuvent se sentir poussées à faire quelque chose (de façon répétitive, délibérée, et intentionnelle) pour

essayer d'empêcher ou d'atténuer l'anxiété résultant de leurs obsessions.

Les compulsions fréquentes comprennent :
- Laver ou nettoyer pour éliminer les contaminations
- Vérifier pour dissiper le doute (par exemple, vérifier de nombreuses fois pour s'assurer qu'une porte est verrouillée)
- Compter (par exemple, répéter une action un certain nombre de fois)
- Mettre en ordre (par exemple, disposer la vaisselle ou les objets d'un espace de travail suivant une logique particulière)

3. Névrose hystérique (ou trouble conversionnel) : bien que ce terme soit moins utilisé de nos jours, il désigne des symptômes physiques tels que la perte de contrôle moteur (paralysie, tremblements), qui ne sont pas explicables par une cause médicale. En clair, le stress psychologique s'exprime par des symptômes physiques. Le cerveau convertit la détresse émotionnelle et psychologique en manifestations physiques, d'où le nom de « trouble de conversion ». Ces symptômes sont souvent associés à des conflits émotionnels non résolus.

- Les symptômes ne sont pas produits intentionnellement ou feints, et ne peuvent pas être entièrement expliqués

par un problème médical ou une consommation de substances
- Symptômes moteurs : ceux-ci incluent faiblesse ou paralysie, démarche anormale, tremblements et mouvements involontaires. Certaines personnes peuvent éprouver des difficultés à avaler ou avoir la sensation d'une boule dans la gorge.
- Symptômes sensoriels : ces symptômes comprennent l'engourdissement, la perte de sensation, la cécité ou la surdité. Les symptômes sensoriels peuvent être particulièrement pénibles car ils interfèrent avec le traitement sensoriel normal.
- Crises et convulsions : les crises non-épileptiques ou convulsions sont également fréquentes. Ces épisodes ressemblent aux crises d'épilepsie, mais ne présentent pas l'activité électrique typique de l'épilepsie.

4. Névrose dépressive (trouble dépressif névrotique) : les personnes souffrant de cette forme de névrose éprouvent des symptômes dépressifs tels que la tristesse, l'abattement ou le désespoir, mais sans les symptômes graves d'une dépression majeure.

- Humeur dépressive persistante : tristesse chronique, mélancolie ou irritabilité.
- Fatigue émotionnelle : sentiment d'épuisement ou de lassitude face aux tâches de la vie quotidienne.
- Auto-dévalorisation : baisse de l'estime de soi, culpabilité ou autodépréciation.
- Anxiété : souvent associée, avec des ruminations ou des inquiétudes excessives.

- Difficultés relationnelles : problèmes dans les interactions sociales ou familiales, souvent causés par une hypersensibilité.
- Troubles du sommeil : insomnies ou hypersomnie fréquentes.
- Absence de plaisir (anhédonie) : difficulté à ressentir du plaisir ou à profiter des activités.

Différence avec la dépression majeure
- Sévérité : moins intense que la dépression majeure.
- Fonctionnement : le patient conserve une certaine capacité à gérer les responsabilités quotidiennes.
- Durée : souvent plus chronique, ressemblant au trouble dépressif persistant (anciennement dysthymie).
- Absence de symptômes psychotiques : pas de délires, d'hallucinations ou de perte totale de contact avec la réalité.

5. L'hypocondrie (trouble d'anxiété liée à la santé)
Il s'agit d'un trouble psychologique caractérisé par une préoccupation excessive et irrationnelle concernant la santé physique. Elle est liée à des pensées irrationnelles et à une incapacité à tolérer l'incertitude concernant la santé. La personne affectée est convaincue qu'elle souffre d'une maladie grave, même en l'absence de symptômes ou malgré des examens médicaux rassurants.

- Préoccupation excessive : conviction persistante d'être malade ou de développer une maladie grave.
- Interprétation catastrophique : tendance à attribuer des symptômes bénins (fatigue, douleur légère) à des affections graves.
- Comportements répétitifs : consultation médicale fréquente, auto-examens, ou recherche compulsive d'informations sur Internet.
- Évitement : certains hypocondriaques évitent les médecins ou les informations médicales par peur d'une confirmation de leur maladie.
- Avec une prise en charge adaptée, l'hypocondrie peut être significativement atténuée. Cependant, elle nécessite souvent un accompagnement à long terme pour prévenir les rechutes. L'hypnose, en complément d'autres approches, peut jouer un rôle dans la gestion de ce trouble.
- L'hypocondrie illustre bien comment une anxiété excessive peut se concentrer sur un aspect spécifique de la vie (ici, la santé) et perturber la qualité de vie.

6. SSPT : syndrome de stress post-traumatique. Le SSPT se manifeste suite à une exposition directe ou indirecte à un événement traumatique, tel qu'un accident, une agression, une catastrophe naturelle, ou encore des violences répétées. Il s'agit d'une réaction psychologique intense et persistante face à ce traumatisme. Le SSPT résulte d'une incapacité du cerveau à traiter et à intégrer un événement

traumatique, entraînant une activation prolongée de la réponse au stress. Il peut être aggravé par des antécédents d'anxiété, un manque de soutien social, ou une exposition prolongée au stress.

- Revécu intrusif : flash-backs, cauchemars ou pensées envahissantes concernant l'événement traumatique.
- Évitement : tendance à éviter les personnes, lieux, ou situations qui rappellent le traumatisme.
- Hypervigilance : suractivation du système nerveux avec des symptômes comme une irritabilité, des difficultés à se concentrer, ou une réaction exagérée aux stimuli.
- Altération de la perception de soi ou du monde : sentiments de détachement, d'impuissance, ou croyance que le monde est dangereux.

Origines des névroses :

Les névroses sont souvent vues comme un résultat de conflits psychologiques internes ou de réactions exagérées face au stress et à l'adversité. Elles peuvent découler de :

- Expériences traumatisantes ou stressantes dans l'enfance (comme la négligence ou un traumatisme psychologique).
- Conflits intérieurs non résolus, par exemple des désirs ou des émotions refoulées.
- Prédispositions génétiques ou biologiques, qui rendent certaines personnes plus sensibles à l'anxiété et à la détresse émotionnelle.

- Facteurs environnementaux comme des pressions sociales, des problèmes relationnels ou des événements de vie majeurs (comme une perte, un divorce, un changement de travail).

Traitement des névroses :
Les névroses sont souvent traitées par une psychothérapie, en particulier des approches comme la thérapie cognitivo-comportementale (TCC) ou la psychanalyse. L'objectif est de comprendre les conflits sous-jacents, de restructurer les pensées dysfonctionnelles et de réduire l'anxiété. Dans certains cas, des médicaments anxiolytiques ou antidépresseurs peuvent être utilisés pour soulager les symptômes, bien qu'une approche psychothérapeutique reste essentielle pour traiter la cause profonde des névroses.
En résumé, les névroses représentent des troubles psychologiques non-psychotiques qui sont liés à l'anxiété et à des mécanismes de défense dysfonctionnels. Bien que ces troubles puissent être envahissants, ils sont traitables grâce à des approches thérapeutiques qui aident à résoudre les conflits internes et à modifier les comportements problématiques.

L'hypnose peut être un excellent outil dans le traitement des névroses, car elle agit à un niveau profond pour aider les patients à comprendre et à modifier leurs schémas de pensée, leurs comportements et leurs réponses émotionnelles.

Types de névroses et pertinence de l'hypnose :
- Névrose anxieuse :
L'hypnose est particulièrement efficace pour réduire l'anxiété, en aidant à calmer le système nerveux, à identifier les déclencheurs inconscients et à modifier les réponses automatiques face au stress.
- Névrose phobique :
Les techniques hypnotiques, comme la désensibilisation progressive et l'imagerie mentale, permettent au patient d'affronter graduellement ses peurs dans un état de relaxation, réduisant ainsi leur impact.
- Névrose obsessionnelle-compulsive :
L'hypnose peut aider à travailler sur les schémas rigides et les pensées obsessionnelles en accédant aux causes sous-jacentes et en reprogrammant des comportements plus flexibles.
- Névrose hystérique :
L'hypnose est historiquement liée au traitement des symptômes hystériques, permettant de relâcher les tensions psychiques exprimées à travers des symptômes physiques ou émotionnels.
- Névrose dépressive :
En complément d'une prise en charge globale, l'hypnose peut renforcer l'estime de soi, identifier les croyances négatives inconscientes, et offrir des outils pour sortir d'un état de rumination.

Objectifs de l'hypnose dans le traitement des névroses :
- Accéder aux causes profondes :
  L'hypnose permet d'explorer l'inconscient pour identifier les conflits non résolus ou les traumatismes qui alimentent la névrose.
- Modifier les schémas automatiques :
  Grâce à des suggestions positives et des visualisations, l'hypnose aide à remplacer les comportements inadaptés par des réponses plus saines.
- Renforcer les ressources internes :
  L'état hypnotique favorise l'accès aux ressources personnelles, comme la confiance, la résilience ou la capacité à gérer le stress.
- Relâcher les tensions corporelles :
  De nombreuses névroses se manifestent par des tensions somatiques. L'hypnose peut aider à relâcher ces tensions et à restaurer un équilibre entre le corps et l'esprit.

Avantages de l'hypnose dans le traitement des névroses :
- Action rapide :
  L'hypnose peut produire des résultats visibles en peu de séances, notamment sur les symptômes anxieux ou phobiques.
- Approche non-invasive :
  Contrairement à des traitements pharmacologiques, l'hypnose repose sur les ressources internes du patient.
- Personnalisation :
  Les suggestions hypnotiques sont adaptées aux besoins

spécifiques de chaque individu, ce qui renforce leur efficacité.

Limites et précautions :
- Résistance au changement :
Certains patients peuvent avoir du mal à lâcher prise ou à accepter les suggestions hypnotiques, nécessitant un travail préparatoire.
- Nécessité d'une approche globale :
L'hypnose seule ne suffit pas toujours. Elle doit être intégrée dans une démarche plus large, incluant éventuellement une thérapie cognitivo-comportementale, une psychanalyse, ou une thérapie systémique.
- Facteurs sous-jacents complexes :
Si la névrose est liée à un traumatisme profond, un travail sur ce traumatisme en dehors de l'hypnose peut être nécessaire avant d'aller plus loin.

Les psychoses

Les psychoses sont des troubles mentaux graves qui affectent la perception de la réalité. Elles se caractérisent par une perte de contact avec le réel, ce qui peut inclure des hallucinations, des délires, et des altérations profondes du fonctionnement psychologique et social.

Caractéristiques principales des psychoses

1. Hallucinations : perceptions sensorielles sans base réelle (auditives, visuelles, tactiles).
    - Exemple : entendre des voix inexistantes.

2. Délires : croyances irrationnelles ou non fondées, souvent fixes.
    - Exemple : se croire persécuté ou doté de pouvoirs surnaturels.

3. Désorganisation de la pensée : difficulté à organiser les idées et à tenir un discours cohérent.

4. Altération du comportement : actions ou réactions inappropriées par rapport au contexte.

5. Affects émoussés ou inappropriés : émotions limitées ou non adaptées à la situation.

Différences entre psychoses et névroses

Aspect	Psychoses	Névroses
Contact avec la réalité	Perte totale ou partielle de contact avec la réalité	Maintien du contact avec la réalité
Perception du trouble	Souvent absent ou faible (anosognosie)	Conscience du trouble présente
Symptômes majeurs	Hallucinations, délires, désorganisation	Anxiété, phobies, ruminations
Retentissement	Affecte fortement le fonctionnement social/professionnel	Impact modéré à sévère mais sans rupture totale
Traitement	Souvent médicamenteux et psychothérapeutique	Psychothérapie principalement

Risques spécifiques des psychoses

1. Isolement social : difficulté à maintenir des relations sociales et familiales.

2. Comportements à risque : risque de danger pour soi-même (automutilation, suicide) ou pour les autres (agressivité).

3. Stigmatisation : préjugés et incompréhensions sociales.

4. Récurrence : risque de rechute élevé sans traitement approprié.

Hypnothérapie et psychoses

L'utilisation de l'hypnose dans le cadre des psychoses est délicate et controversée. Voici les principaux points :

1. Rôle limité : l'hypnothérapie n'est pas indiquée comme traitement principal des psychoses, car elle peut aggraver la confusion entre le réel et l'imaginaire.
2. Précautions : elle peut être utilisée dans des contextes spécifiques, comme pour réduire l'anxiété ou travailler sur des traumatismes, mais seulement sous la supervision d'un psychiatre.
3. Risques : en raison de la fragilité du contact avec la réalité, l'hypnose peut induire des états de dissociation ou renforcer les hallucinations.

Traitements principaux des psychoses

1. Médicaments antipsychotiques : réduisent les symptômes comme les hallucinations et les délires.

2. Psychothérapie :
    - TCC adaptée : pour aider à mieux gérer les pensées et comportements.
    - Psychoéducation : pour comprendre le trouble et apprendre à vivre avec.

3. Approches complémentaires : thérapies occupationnelles, soutien social, gestion du stress.

A. La schizophrénie

La schizophrénie est un trouble mental chronique et sévère qui affecte la façon dont une personne pense, ressent et agit. Elle se caractérise par une rupture avec la réalité (psychose), impliquant des hallucinations, des délires et des troubles cognitifs. Elle n'est pas synonyme de "personnalité multiple", un mythe courant.

Les symptômes sont généralement divisés en trois catégories principales :

1. Symptômes positifs (ajout d'éléments au fonctionnement normal)

- Hallucinations : perceptions sans stimulus réel (auditives, visuelles, tactiles).
- Délires : croyances irrationnelles ou fausses (persécution, grandeur, paranoïa).
- Désorganisation : trouble de la pensée, discours incohérent ou comportement inapproprié.

2. Symptômes négatifs (perte ou diminution des fonctions normales)

- Affect émoussé : manque d'expression émotionnelle.
- Anhédonie : incapacité à ressentir du plaisir.
- Aboulie : manque de motivation ou de volonté.
- Retrait social : isolement et perte d'intérêt pour les relations.

3. Symptômes cognitifs

- Difficulté à se concentrer, à mémoriser ou à planifier.
- Pensée confuse ou lente.

Conséquences de la schizophrénie
1. Impact personnel :
    - Perte d'autonomie dans la vie quotidienne (travail, études, relations).
    - Difficulté à comprendre et à gérer ses émotions.

2. Impact social :
    - Isolement social en raison de la stigmatisation ou du retrait.
    - Difficulté à maintenir des relations familiales et amicales.
    - Incapacité à travailler.

Risques associés à la schizophrénie
1. Suicide : environ 10 % des personnes atteintes de schizophrénie décèdent par suicide, et jusqu'à 40 % tentent de se suicider.

2. Risque de comportements dangereux : rare, mais possible dans des états délirants.

3. Comorbidités :
    - Troubles anxieux ou dépressifs.
    - Consommation de substances psychoactives.

Traitement de la schizophrénie
1. Traitement médicamenteux

- Antipsychotiques : médicaments de première ligne pour réduire les symptômes psychotiques.
    - Antipsychotiques typiques (ex. : halopéridol).
    - Antipsychotiques atypiques (ex. : olanzapine, rispéridone).
- Effets secondaires : prise de poids, somnolence, troubles métaboliques.

2. Psychothérapie
- Thérapie cognitivo-comportementale (TCC) : aide à gérer les hallucinations et délires.
- Psychoéducation : pour mieux comprendre et vivre avec la maladie.
- Thérapie familiale : réduit le stress familial et améliore le soutien.

3. Interventions sociales
- Programmes de réhabilitation pour développer des compétences sociales et professionnelles.
- Soutien communautaire (aide au logement, groupes de soutien).

4. Approches complémentaires
- Gestion du stress : méditation, relaxation.
- Activités physiques et créatives.

Avec un traitement approprié et un suivi rigoureux, environ 25 % des personnes atteintes peuvent atteindre une rémission complète ou partielle, mais une proportion importante reste vulnérable aux rechutes.

B. La paranoïa

La paranoïa est un trouble psychologique caractérisé par des idées délirantes systématisées, une méfiance excessive et une perception déformée de la réalité. Les personnes atteintes de paranoïa sont souvent convaincues d'être victimes d'un complot, d'une injustice ou d'un danger, sans preuve objective.

Manifestations principales de la paranoïa :

1. Idées délirantes systématisées :
   Les pensées paranoïaques suivent une logique interne cohérente pour le patient, même si elles sont erronées ou déconnectées de la réalité.

2. Méfiance excessive :
   Les relations interpersonnelles sont souvent marquées par un manque de confiance, une hypersensibilité à la critique et une difficulté à accepter les explications rationnelles.

3. Délires spécifiques :
   - Délires de persécution : conviction d'être suivi, surveillé ou comploté contre soi.
   - Délires de grandeur : surestimation de ses capacités ou importance.
   - Érotomanie : conviction délirante qu'une autre personne, souvent inaccessible ou de statut élevé, est amoureuse de soi.

L'érotomanie : une forme spécifique de paranoïa
L'érotomanie se distingue comme un sous-type des délires paranoïaques. La personne croit fermement qu'une autre personne, souvent peu accessible (célébrité, supérieur hiérarchique, médecin, etc.), nourrit des sentiments amoureux à son égard. Ce trouble repose sur des interprétations erronées des comportements de l'autre (un sourire, un regard) qui sont perçus comme des preuves d'amour.

Dans l'érotomanie, tout rejet explicite ou indifférence est interprété comme une preuve d'amour cachée ou un obstacle à surmonter. Ce délire peut conduire à des comportements obsessionnels, tels que le harcèlement ou des tentatives répétées de contact avec l'objet supposé de l'amour.

Conséquences de la paranoïa et de l'érotomanie :

1. Isolement social :
   La méfiance et les idées délirantes peuvent entraîner des conflits relationnels et un repli sur soi.

2. Comportements obsessionnels :
   Dans le cas de l'érotomanie, l'individu peut harceler ou surveiller la personne qu'il croit amoureuse, ce qui peut entraîner des conséquences légales ou sociales graves.

3. Impact psychologique :
   La paranoïa et ses manifestations, y compris l'érotomanie, peuvent engendrer de l'anxiété, de la frustration et un mal-être constant, en particulier si le délire est confronté à la réalité.

Traitements :
1. Psychothérapie :
    - La thérapie cognitivo-comportementale aide à identifier et remettre en question les pensées délirantes.
    - Une approche de soutien permet de gérer les émotions associées et de développer des relations plus saines.

2. Médication :
    - Les antipsychotiques peuvent être prescrits pour réduire les délires et calmer les comportements obsessionnels.
    - Les anxiolytiques ou antidépresseurs peuvent être utilisés pour traiter des troubles associés, comme l'anxiété ou la dépression.

3. Encadrement social :
    - L'accompagnement par des proches ou des intervenants sociaux peut prévenir des comportements inappropriés ou obsessionnels.

La paranoïa et l'érotomanie sont souvent des troubles chroniques. Cependant, avec une prise en charge adaptée et un suivi régulier, il est possible de réduire l'intensité des symptômes et de permettre à la personne de maintenir une meilleure qualité de vie. L'érotomanie peut néanmoins revenir par phases si les déclencheurs émotionnels ou contextuels ne sont pas bien pris en charge.

C. Les psychoses hallucinatoires chroniques

La psychose hallucinatoire chronique est un trouble psychotique rare, caractérisé par des hallucinations persistantes, souvent auditives ou visuelles, qui s'installent progressivement et durent dans le temps. Elle touche principalement les personnes âgées de 40 à 60 ans, avec une prédominance féminine, et se distingue par sa chronicité.

Symptômes principaux
1. Hallucinations :
    - Auditives : voix accusatrices, commandantes ou dialoguant entre elles.
    - Visuelles : apparitions de figures, scènes, ou visions souvent effrayantes.
    - Olfactives et tactiles : sensations de brûlure, d'insectes sous la peau.

2. Idées délirantes :
    - Souvent centrées sur des thèmes de persécution (paranoïa), de jalousie ou d'érotomanie (croyance qu'une autre personne est amoureuse du patient).

3. Conscience partielle de la réalité :
    - Contrairement à d'autres psychoses, certains patients peuvent conserver une lucidité relative et tenter de critiquer leurs hallucinations.

4. Anxiété et agitation :
   - L'intensité des hallucinations génère souvent une forte anxiété et peut conduire à des comportements inadaptés ou dangereux.

Conséquences
1. Isolement social :
   - Les hallucinations et idées délirantes perturbent les relations interpersonnelles et entraînent une exclusion ou un retrait.

2. Altération du quotidien :
   - Difficulté à travailler, à s'occuper de soi ou à maintenir une routine.

3. Comorbidités :
   - Risque accru de troubles anxieux, dépression ou addiction pour tenter de gérer les symptômes.

Risques spécifiques
1. Comportements dangereux :
   - Automutilation ou agressivité en réponse aux hallucinations.

2. Chronicité et aggravation :
   - Sans traitement, les symptômes s'intensifient et deviennent de plus en plus invalidants.

Traitement
1. Médicaments :
   - Antipsychotiques : médicaments comme l'olanzapine ou la rispéridone pour réduire les hallucinations et idées délirantes.
   - Anxiolytiques : pour calmer l'anxiété associée aux hallucinations.

2. Psychothérapie :
   - Approche cognitivo-comportementale (TCC) : aide à gérer les réactions face aux hallucinations et à réinterpréter les idées délirantes.
   - Psychoéducation : sensibilisation du patient et de ses proches pour mieux comprendre la maladie.

3. Soins de soutien :
   - Accompagnement social et mise en place de structures adaptées pour les patients en perte d'autonomie.

D. Les bouffées délirantes aigues

Les bouffées délirantes aiguës sont des épisodes psychotiques transitoires qui surviennent soudainement, avec des symptômes délirants intenses, mais de courte durée. Elles sont souvent déclenchées par des événements stressants, un traumatisme psychologique, ou des facteurs biologiques. Les BDA sont fréquentes chez les jeunes adultes et peuvent survenir sans antécédents psychiatriques.

Symptômes principaux
1. Idées délirantes :
    - Convictions fausses et irrationnelles : persécution, grandeur, jalousie, érotomanie.
    - Contenu souvent changeant et polymorphe (par exemple, une personne peut croire successivement qu'elle est surveillée, puis qu'elle est un messager divin).

2. Hallucinations :
    - Auditives : entendre des voix.
    - Visuelles ou tactiles : visions étranges ou sensations physiques inexpliquées.

3. Désorganisation de la pensée :
    - Discours incohérent, confusion mentale.

4. Comportements inadaptés :
    - Agitation, agressivité, ou au contraire retrait soudain et catatonie (immobilité).

5. Perturbations émotionnelles :
    - Anxiété extrême, euphorie, ou désespoir soudain.

Conséquences
1. Impact sur la vie personnelle et professionnelle :
    - L'épisode peut perturber gravement la vie sociale et familiale du patient, bien que ces effets soient souvent temporaires.

2. Isolement :
   - Le délire et les comportements associés peuvent provoquer une incompréhension de l'entourage.

3. Troubles secondaires :
   - Les patients peuvent développer une anxiété ou une dépression après l'épisode.

Risques spécifiques

1. Danger pour soi-même ou les autres :
   - Automutilation, tentative de suicide, ou comportements violents liés aux hallucinations ou aux idées délirantes.

2. Chronification :
   - Une BDA peut évoluer vers des troubles psychiatriques durables comme la schizophrénie, en particulier si l'épisode persiste au-delà de 6 mois.

3. Récidive :
   - Une personne ayant vécu une BDA est plus susceptible d'en vivre une autre, surtout si les déclencheurs ne sont pas identifiés et gérés.

Traitement

1. Prise en charge en urgence :
   - L'épisode nécessite souvent une hospitalisation pour protéger le patient et son entourage.

2. Médicaments :
    - Antipsychotiques : pour stabiliser les idées délirantes et hallucinations.
    - Anxiolytiques ou sédatifs : pour calmer l'agitation ou l'insomnie.

3. Psychothérapie après la crise :
    - Aide à comprendre les déclencheurs, à gérer le stress, et à prévenir les récidives.

4. Accompagnement psycho-social :
    - Soutien familial, conseils en gestion du stress, ou mise en place d'un suivi régulier par un psychiatre.

Risque de récidive

Les bouffées délirantes aiguës sont souvent uniques, mais environ 20 à 50 % des patients peuvent faire face à une récidive, selon les circonstances. Les facteurs qui augmentent ce risque incluent :
- Absence de suivi médical ou psychologique.
- Stress intense ou événement traumatisant non résolu.
- Facteurs biologiques prédisposants (antécédents familiaux de psychose).

Un suivi médical à long terme est crucial pour réduire ce risque.

E. La psychose confusionnelle

La psychose confusionnelle est un trouble psychiatrique aigu caractérisé par une altération importante de la conscience, de l'attention et de la cognition, qui perturbe la perception de la réalité. Elle survient souvent de manière soudaine et est généralement réversible une fois la cause sous-jacente identifiée et traitée. Elle est parfois appelée "état confusionnel aigu" et se rencontre principalement chez les personnes âgées, mais peut aussi affecter d'autres groupes d'âge en fonction des facteurs déclenchants. Il s'agit d'une urgence médicale.

Symptômes principaux
1. Altération de la conscience :
    - Difficulté à se concentrer et à maintenir l'attention.
    - Désorientation spatiale et temporelle.
    - Perception déformée du monde, parfois avec une sensation de déconnexion de la réalité.

2. Troubles cognitifs :
    - Mémoire altérée, en particulier la mémoire à court terme.
    - Pensée incohérente ou désorganisée.
    - Difficultés à formuler des réponses appropriées aux questions.

3. Désorganisation du comportement :
    - Agitation ou, au contraire, ralentissement psychomoteur.
    - Comportements irrationnels, impulsifs ou inappropriés.
    - Comportement incohérent ou erratique, parfois avec une perte de la capacité de juger la situation.

4. Hallucinations et délires :
    - Hallucinations visuelles, auditives ou tactiles.
    - Idées délirantes de persécution, de grandeur ou d'influence extérieure.

5. Fluctuations de l'état mental :
    - Les symptômes peuvent fluctuer rapidement d'un moment à l'autre, avec des périodes de lucidité et d'autres de confusion extrême.

Conséquences
1. Perturbation de la vie quotidienne :
    - Difficulté à accomplir les activités de la vie quotidienne, à travailler ou à interagir avec les autres.
    - Isolement social, peur de l'environnement ou des hallucinations.

2. Dépendance physique et psychologique :
    - Si la psychose confusionnelle est causée par un problème médical (ex. : infection, déséquilibre chimique), cela peut entraîner une dépendance physique à certains traitements, voire une perte d'autonomie.

3. Effets secondaires de traitements médicamenteux :
    - Certaines médications utilisées pour traiter la confusion ou les hallucinations peuvent induire des

effets secondaires, comme la somnolence excessive ou des troubles moteurs.

Risques spécifiques
1. Risque de détérioration de l'état mental :
    - Si la cause sous-jacente n'est pas identifiée ou traitée, la psychose confusionnelle peut persister et entraîner un déclin cognitif.

2. Comportements à risque :
    - L'agitation associée peut entraîner des comportements dangereux, comme l'auto-mutilation ou la violence envers autrui.
    - L'état de confusion peut amener le patient à se mettre en danger, notamment par des chutes, des accidents ou un manque de soins appropriés.

3. Chronification :
    - Si non-traitée de manière adéquate, la psychose confusionnelle peut évoluer vers des troubles psychiatriques plus graves et durables, comme la démence ou un trouble psychotique chronique.

Traitement
1. Identification et traitement de la cause sous-jacente :
    - La psychose confusionnelle est souvent causée par des facteurs médicaux (infections, troubles métaboliques, effets secondaires de médicaments, etc.). Le traitement de la cause sous-jacente (par

exemple, antibiotiques pour une infection, correction des déséquilibres électrolytiques) est crucial pour rétablir un état de santé normal.

2. **Médicaments antipsychotiques et sédatifs :**
    - Dans certains cas, des antipsychotiques ou des tranquillisants peuvent être administrés pour contrôler l'agitation et les hallucinations. Cependant, ces médicaments sont utilisés de manière prudente et souvent à court terme.

3. **Suivi médical et surveillance :**
    - Un suivi régulier est nécessaire pour s'assurer que la condition s'améliore et que la cause sous-jacente est bien prise en charge.

4. **Thérapies cognitives et comportementales (TCC) :**
    - Une fois l'état stabilisé, la réhabilitation cognitive peut être bénéfique pour rétablir les fonctions cognitives altérées, et une psychothérapie peut aider le patient à comprendre et à gérer ses symptômes.

Risque de rechute

1. **Récidive due à des facteurs médicaux :**
    - Si les facteurs déclenchants (comme des infections récurrentes, des déséquilibres hormonaux ou des troubles métaboliques) ne sont pas contrôlés, la psychose confusionnelle peut revenir. Les personnes

âgées, en particulier celles souffrant de démence, sont particulièrement vulnérables à la récidive.

2. Récurrence liée aux médicaments :
   - Des médicaments ou substances (alcoolisme, drogues) peuvent également contribuer à une récidive des symptômes de confusion ou de psychose.

3. Prévention par un suivi médical adapté :
   - Un suivi régulier avec un médecin peut réduire le risque de récidive, en ajustant les traitements et en surveillant les facteurs de santé sous-jacents.

En résumé, la psychose confusionnelle est un état transitoire mais potentiellement grave qui nécessite un traitement rapide et précis pour éviter des complications. Un diagnostic correct et un traitement de la cause sous-jacente sont essentiels pour la récupération et la prévention des récidives.

F. L'hébéphrénie

L'hébéphrénie est une forme spécifique de schizophrénie, également appelée schizophrénie désorganisée. Elle se caractérise par une désorganisation profonde des pensées, des émotions et du comportement, souvent avec des manifestations inappropriées ou absurdes. Elle affecte principalement les jeunes adultes et se distingue par l'absence d'hallucinations ou de délires marqués, qui dominent d'autres formes de schizophrénie.

Symptômes
1. Désorganisation cognitive et comportementale :
    - Pensées incohérentes, associations d'idées illogiques.
    - Discours désorganisé, souvent difficile à comprendre.
    - Comportements imprévisibles ou inadaptés aux situations sociales.

2. Émotions inappropriées ou absentes :
    - Affect plat : peu ou pas d'expression émotionnelle visible.
    - Réactions émotionnelles inappropriées, comme rire dans des situations sérieuses ou montrer de l'indifférence dans des moments importants.

3. Retrait social :
    - Isolement progressif, difficultés à interagir avec les autres.
    - Perte d'intérêt pour les activités sociales et professionnelles.

4. Altérations des fonctions exécutives :
    - Difficulté à planifier, organiser ou accomplir des tâches simples.
    - Négligence de l'hygiène personnelle et de l'apparence.

5. Comportement absurde ou puéril :
   - Attitudes immatures, jeux infantiles ou comportements répétitifs sans but apparent.

Conséquences

1. Détérioration sociale et professionnelle :
   - Difficulté à maintenir des relations interpersonnelles, à travailler ou à suivre des études.
   - Isolement, marginalisation et dépendance sociale accrue.

2. Impact sur la qualité de vie :
   - Perte d'autonomie et besoin d'un encadrement constant pour les activités quotidiennes.
   - Risque accru de stigmatisation et de rejet social.

3. Comorbidités :
   - Risque accru de développer des troubles anxieux ou dépressifs associés.
   - Vulnérabilité aux comportements autodestructeurs ou suicidaires.

Risques

1. Évolution chronique :
   - L'hébéphrénie a tendance à évoluer progressivement avec une aggravation des symptômes, si elle n'est pas traitée.
   - Les symptômes résiduels peuvent persister même après une amélioration partielle.

2. Risque de désinsertion :
   - Sans traitement, les patients peuvent devenir complètement déconnectés de la société et nécessiter une prise en charge institutionnelle prolongée.

3. Risque de comorbidité psychiatrique :
   - Développement d'autres troubles mentaux, comme l'abus de substances, l'anxiété sévère ou les troubles de l'humeur.

Traitement

1. Médicaments antipsychotiques :
   - Les antipsychotiques atypiques (comme la rispéridone ou l'olanzapine) sont souvent prescrits pour réduire les symptômes désorganisés et améliorer les capacités cognitives.
   - Des ajustements réguliers sont nécessaires pour minimiser les effets secondaires, comme la sédation ou la prise de poids.

2. Thérapie psychosociale :
   - Réhabilitation sociale : apprendre ou réapprendre des compétences sociales et professionnelles.
   - Thérapie familiale : soutenir les proches dans leur compréhension de la maladie et réduire les conflits interpersonnels.

- Thérapie cognitive et comportementale (TCC) : aider à structurer les pensées et les comportements pour réduire la désorganisation.

3. Soutien quotidien :
    - Mise en place de routines pour maintenir l'hygiène personnelle, la nutrition et l'activité physique.
    - Encadrement professionnel ou communautaire pour assurer la sécurité et les soins.

L'hébéphrénie est un trouble grave qui nécessite une prise en charge multidimensionnelle. Bien que le traitement puisse réduire les symptômes et améliorer la qualité de vie, le risque de récidive reste élevé, nécessitant un suivi à long terme et un soutien constant. Une intervention précoce et une prise en charge adaptée permettent souvent de prévenir une détérioration trop importante et d'améliorer les capacités fonctionnelles des personnes atteintes.

Les états limites

Les états limites (ou troubles de la personnalité borderline, souvent désignés par l'acronyme TPB) désignent un ensemble de troubles psychologiques caractérisés par une instabilité marquée dans plusieurs domaines de la vie émotionnelle, relationnelle, comportementale et cognitive. Ces personnes vivent généralement des difficultés à réguler leurs émotions et peuvent osciller entre des états émotionnels opposés. Le concept des états limites, tout comme celui du trouble de la personnalité borderline, désigne une catégorie de troubles où les symptômes se manifestent souvent de manière extrême, avec des difficultés à établir des frontières entre soi et les autres, créant ainsi un certain flou psychologique.

Symptômes des états limites
Les symptômes des états limites peuvent varier, mais certains traits fondamentaux incluent :

1. Instabilité émotionnelle :
    - Les émotions peuvent fluctuer rapidement, passant de la colère, à la tristesse ou à l'euphorie, avec des réactions qui semblent excessives par rapport aux événements vécus. Les individus peuvent se sentir complètement dépassés par leurs émotions.

2. Relations interpersonnelles intenses et instables :
    - Il existe souvent une alternance entre idéalisation excessive des autres et dévalorisation, ce qui crée des relations très instables. Cela est lié à une

difficulté à gérer la séparation ou le rejet, menant à des comportements de dépendance excessive ou de rupture soudaine.

3. Image de soi fluctuante :
   - Une personne atteinte de trouble de la personnalité borderline peut avoir une image de soi instable. Elle peut se sentir vide ou avoir du mal à identifier ses propres besoins, désirs ou valeurs.
4. Comportements impulsifs :
   - Cela peut inclure des comportements à risque, comme les achats compulsifs, les relations sexuelles non protégées, les abus de substances, ou les comportements alimentaires déséquilibrés. Ces comportements sont souvent une tentative de soulager une souffrance émotionnelle intense.

5. Craintes du rejet ou de l'abandon :
   - Les personnes atteintes de ce trouble sont souvent obsédées par l'idée d'être abandonnées. Les relations sont souvent marquées par une peur excessive de l'abandon, réelle ou imaginaire, et par des efforts désespérés pour éviter cette sensation.

6. Comportements autodestructeurs :
   - Dans certains cas, les personnes peuvent avoir des comportements d'automutilation, des tentatives de suicide ou des menaces de suicide, surtout

lorsqu'elles sont confrontées à des crises émotionnelles.

Origines et causes des états limites

Les états limites sont généralement vus comme étant issus d'une combinaison de facteurs biologiques, génétiques et environnementaux :

1. Facteurs génétiques :
   - Certaines recherches suggèrent qu'il peut y avoir une prédisposition génétique à développer ce type de trouble, notamment en lien avec des dysfonctionnements dans la régulation émotionnelle ou la gestion du stress.

2. Facteurs environnementaux :
   - Les traumatismes précoces, en particulier les abus physiques ou émotionnels, la négligence ou l'instabilité familiale, peuvent être des facteurs déclencheurs. Un enfant ayant vécu dans un environnement familial chaotique ou ayant été exposé à des comportements violents peut développer des troubles de la personnalité borderline en raison de ces expériences.

3. Facteurs neurologiques :
   - Des recherches ont également montré que les personnes atteintes de troubles borderlines peuvent avoir des anomalies dans certaines parties du cerveau, en particulier dans les zones responsables

de l'émotion et de la régulation des comportements impulsifs.

Traitement des états limites

Le traitement des troubles de la personnalité borderline (TPB) est souvent complexe, car il nécessite une approche multimodale, impliquant généralement une combinaison de psychothérapie et, parfois, de médication. Voici quelques approches thérapeutiques :

1. Thérapie dialectique comportementale (TDC) :
    - La TDC, développée par Marsha Linehan, est l'une des thérapies les plus efficaces pour les troubles borderline. Elle se concentre sur l'apprentissage de compétences pour gérer les émotions intenses, la régulation des comportements impulsifs, et l'amélioration des relations interpersonnelles. Cette thérapie aide les patients à développer une tolérance à la détresse émotionnelle et à vivre de manière plus stable.

2. Thérapie cognitivo-comportementale (TCC) :
    - La TCC peut également être utile en ciblant les schémas de pensée négatifs qui contribuent aux comportements et aux émotions dysfonctionnels. Elle permet de changer les croyances irrationnelles et les comportements problématiques qui sont au cœur du trouble.

3. Médication :
    - Bien qu'il n'existe pas de médicament spécifique pour traiter les troubles de la personnalité borderline, des médicaments peuvent être prescrits pour traiter des symptômes spécifiques comme la dépression, l'anxiété ou les troubles de l'humeur. Les stabilisateurs de l'humeur ou les antidépresseurs peuvent être utilisés en complément de la psychothérapie.

4. Thérapie de soutien :
    - Le soutien thérapeutique à travers des séances régulières peut offrir un espace pour gérer les émotions intenses, comprendre les comportements destructeurs, et travailler sur l'amélioration des relations interpersonnelles.

Risques et conséquences des états limites
Si les états limites ne sont pas traités, il existe plusieurs risques :
1. Isolement social :
    - En raison de relations instables et de comportements autodestructeurs, les personnes atteintes de TPB peuvent se retrouver socialement isolées, ce qui peut empirer leur état.

2. Comportements suicidaires :
    - Le risque de suicide est plus élevé chez les personnes atteintes de trouble de la personnalité borderline,

notamment en raison de la souffrance émotionnelle intense et des comportements impulsifs.

3. Problèmes de santé mentale supplémentaires :
    o La dépression, les troubles anxieux et les troubles de l'alimentation sont fréquemment associés aux troubles borderlines, exacerbant la souffrance globale de la personne.

Les états limites (ou troubles de la personnalité borderline) sont des troubles psychologiques complexes qui touchent l'émotion, le comportement et les relations interpersonnelles. Ils peuvent résulter de facteurs biologiques et environnementaux et affecter gravement la qualité de vie des individus. Toutefois, grâce à des approches thérapeutiques spécifiques, comme la thérapie dialectique comportementale (TDC) et la médication, il est possible de mieux gérer les symptômes, de réduire les risques de récidive et d'améliorer le fonctionnement quotidien.

L'hypnose peut être un outil complémentaire dans le traitement des troubles de la personnalité borderline (états limites), mais elle doit être utilisée avec précaution et dans un cadre thérapeutique adapté. Les états limites, caractérisés par une instabilité émotionnelle, des comportements impulsifs, des relations interpersonnelles chaotiques et une image de soi instable, nécessitent une approche thérapeutique intégrative et bien encadrée. L'hypnose peut apporter des bénéfices dans certains aspects, mais elle ne doit pas être utilisée seule pour traiter ce trouble complexe. Une surveillance constante par un psychologue ou un psychiatre est essentielle, surtout en cas de comportements suicidaires ou autodestructeurs.

A. Les addictions

Les addictions sont des comportements compulsifs qui entraînent des conséquences néfastes sur la vie personnelle, professionnelle et sociale de l'individu. Elles se caractérisent par une dépendance physique ou psychologique à une substance ou à un comportement. Les addictions peuvent concerner une grande variété de substances (alcool, drogues, médicaments) ou de comportements (jeux, travail, sexe, achats, etc.).

1. Causes et origines des addictions

Les addictions ne résultent pas d'une seule cause, mais d'un ensemble complexe de facteurs biologiques, psychologiques et sociaux. Ces facteurs peuvent interagir de manière différente d'une personne à l'autre.

a. Facteurs biologiques :

- Prédisposition génétique : des recherches ont montré que certains individus peuvent avoir une prédisposition génétique à l'addiction. Des gènes liés à la dopamine, un neurotransmetteur clé dans le système de récompense du cerveau, sont souvent impliqués dans la formation de dépendances.
- Dérèglement des neurotransmetteurs : les substances addictives agissent souvent sur le système de récompense du cerveau, notamment en modifiant les niveaux de dopamine, de sérotonine ou d'autres neurotransmetteurs.

Cette stimulation peut créer une sensation de plaisir, renforçant ainsi le comportement addictif.

b. Facteurs psychologiques :
- Comportements d'évasion : les personnes peuvent se tourner vers des substances ou des comportements addictifs comme moyen de fuir des émotions ou des situations difficiles (stress, traumatisme, dépression, anxiété, etc.). L'addiction devient alors un mécanisme de défense pour faire face à des douleurs émotionnelles non résolues.
- Troubles de la personnalité : certains troubles de la personnalité, comme le trouble de la personnalité borderline, le trouble de la personnalité antisociale ou les troubles anxieux, peuvent augmenter la vulnérabilité à l'addiction.
- Modèles d'apprentissage : les comportements addictifs peuvent être appris dès l'enfance, en observant des parents ou des proches qui ont eux-mêmes des comportements problématiques liés à l'alcool ou aux drogues.

c. Facteurs sociaux :
- Environnement familial et social : la famille, les amis et l'entourage social jouent un rôle majeur dans le développement ou la prévention des addictions. Un environnement familial dysfonctionnel, des abus de substances chez les proches ou un manque de soutien émotionnel peuvent accroître les risques d'addiction.

- Pressions sociales et culturelles : dans certaines sociétés ou groupes sociaux, les comportements addictifs (consommation d'alcool, usage de drogues récréatives, jeux d'argent, etc.) peuvent être normalisés ou même valorisés, créant ainsi un terrain propice à l'adoption de ces comportements.

2. Risques associés aux addictions
Les addictions entraînent des conséquences graves tant sur le plan physique que psychologique.
a. Risques physiques :
- Dépendance physique : l'usage répété de certaines substances (drogues, alcool, médicaments) peut entraîner une tolérance (besoin d'une quantité de plus en plus grande pour ressentir les effets) et une dépendance physique (symptômes de sevrage en cas d'arrêt brusque).
- Problèmes de santé : les substances addictives sont souvent responsables de nombreuses pathologies graves, comme des troubles cardiovasculaires, des maladies du foie (cirrhose), des troubles respiratoires (en cas de tabagisme), ou des cancers.
- Surdose : certaines substances, notamment les opioïdes et les drogues illicites, comportent des risques de surdose, pouvant être fatale si elles ne sont pas traitées rapidement.

b. Risques psychologiques :
- Troubles psychiatriques : les addictions sont fréquemment associées à des troubles psychiatriques tels que la

dépression, l'anxiété, le trouble de stress post-traumatique (SSPT) ou des troubles de la personnalité.
- Isolement social : l'addiction peut entraîner un éloignement des proches, des conflits familiaux et une perte de l'estime de soi. Les individus peuvent se retrouver dans un état de déni, empêchant la reconnaissance de la gravité de leur problème.
- Troubles cognitifs et émotionnels : à long terme, l'abus de substances peut affecter la cognition (mémoire, capacité de concentration) et engendrer des troubles émotionnels (irritabilité, impulsivité, dépression).

3. Traitements des addictions

Les traitements des addictions varient en fonction de la nature de l'addiction et des besoins de la personne, mais ils incluent souvent une combinaison de traitements médicaux, psychothérapeutiques et soutien social.

a. Traitements médicaux :
- Sevrage : l'arrêt de la consommation de la substance addictive est la première étape dans le traitement. Dans certains cas, le sevrage peut être supervisé médicalement, notamment pour les addictions à l'alcool ou aux drogues (sevrage médicamenteux).
- Médicaments : certaines addictions peuvent être traitées avec des médicaments pour réduire les symptômes de sevrage ou l'envie irrépressible de consommer. Par exemple, des médicaments comme la méthadone ou la buprénorphine sont utilisés pour traiter les addictions aux opioïdes. Les antidépresseurs ou anxiolytiques peuvent

aussi être prescrits si la personne souffre de troubles associés, comme la dépression ou l'anxiété.

b. Psychothérapies :
- Thérapie comportementale et cognitive (TCC) : c'est l'une des approches les plus courantes pour traiter les addictions. Elle aide les individus à identifier et modifier les pensées et comportements qui renforcent l'addiction. Elle peut inclure des techniques comme la gestion des envies, le recadrage cognitif, la relaxation ou la résolution de problèmes.
- Thérapie de groupe : la thérapie de groupe permet aux personnes atteintes d'addiction de partager leurs expériences et de se soutenir mutuellement. Elle favorise le sentiment de communauté et peut être particulièrement utile dans la réhabilitation.
- Approche psychodynamique : cette approche aide à explorer les causes profondes de l'addiction, souvent liées à des traumatismes émotionnels, des problèmes familiaux ou des conflits intérieurs non résolus.

c. Soutien social et groupes de soutien :
- Programmes de réhabilitation : les programmes de réhabilitation (souvent en milieu hospitalier ou en centre spécialisé) sont un moyen efficace pour traiter les addictions sévères. Ils combinent généralement un suivi médical, des thérapies et des activités éducatives.
- Groupes de soutien comme les AA (Alcooliques Anonymes) ou les NA (Narcotiques Anonymes) : ces groupes offrent un espace de partage entre individus en traitement, avec une

philosophie basée sur l'entraide, l'anonymat et la sobriété à vie.

4. Prévention et risques de rechute

Les risques de rechute sont élevés dans les addictions, mais un suivi thérapeutique et un soutien social approprié peuvent aider à prévenir cela. Des stratégies comme le renforcement des capacités d'adaptation, l'amélioration de la gestion du stress et la construction d'un réseau de soutien solide sont essentielles pour la prévention des rechutes. Les réseaux sociaux, le changement des habitudes de vie et le travail sur les causes émotionnelles sous-jacentes peuvent également jouer un rôle crucial dans le maintien de la sobriété.

Les addictions sont des troubles complexes avec des causes multiples et des impacts considérables sur la santé physique, mentale et sociale. Les traitements doivent être adaptés aux besoins spécifiques de chaque individu et inclure un travail médical et psychothérapeutique. L'accompagnement, le soutien social et les ressources communautaires jouent un rôle fondamental dans la réhabilitation et la prévention des rechutes.

Les résultats de l'hypnose dans le traitement des addictions varient d'une personne à l'autre, et <u>l'hypnose n'est pas suffisante à elle seule</u> pour traiter les addictions graves ou de longue durée. Cependant, de nombreux patients trouvent que l'hypnose est un moyen très efficace d'accompagner un traitement plus global, incluant la thérapie comportementale et cognitive (TCC), le sevrage médical, ou des groupes de soutien.

Les études cliniques ont montré que l'hypnose peut être efficace pour :
- Aider à réduire la consommation de substances (tabac, alcool).
- Diminuer les symptômes de sevrage.
- Aider à réduire les envies (cravings).
- Accélérer la guérison psychologique en abordant les causes émotionnelles profondes des addictions.

Limites de l'hypnose dans le traitement des addictions
Bien que l'hypnose puisse être très bénéfique pour de nombreuses personnes, elle présente quelques limitations :
- Addictions sévères : les dépendances graves, en particulier celles qui impliquent des drogues très dures ou des troubles psychiatriques associés, nécessitent une prise en charge médicale et psychologique plus poussée que ce que l'hypnose seule peut offrir.
- Comorbidités fréquentes : de nombreuses personnes souffrant de toxicomanie présentent des troubles psychiatriques sous-jacents (comme la dépression ou des troubles de la personnalité) qui nécessitent une prise en charge spécifique et parfois des traitements médicaux.
- Préparation du patient : le patient doit être dans un état physique et mental relativement stable pour pouvoir s'engager pleinement dans une thérapie hypnotique.
- Engagement du patient : l'hypnose est souvent plus efficace lorsque le patient est motivé et prêt à changer. Si la personne n'est pas prête à s'engager dans le processus thérapeutique, l'hypnose sera peu efficace. Certains

patients pourraient utiliser l'hypnose dans l'espoir d'un "remède magique" sans vouloir réellement s'investir dans un processus thérapeutique complet.
- Risque de rechute : comme pour toute méthode thérapeutique, il existe toujours un risque de rechute. L'hypnose peut aider à minimiser ce risque, mais <u>elle doit être utilisée en combinaison avec d'autres formes de soutien</u>.
- Absence de suivi médical : <u>l'hypnose ne doit pas être utilisée en substitution d'un traitement médical</u>, notamment en cas de dépendances physiques graves (comme l'alcoolisme ou l'addiction aux opiacés) où <u>le sevrage peut entraîner des complications graves, voire mortelles</u>.
- Professionnels qualifiés : l'hypnose pour la toxicomanie doit être pratiquée par un hypnothérapeute formé et expérimenté, de préférence en collaboration avec d'autres professionnels (médecins, psychiatres, addictologues).

B. Les troubles alimentaires

Les troubles alimentaires (ou troubles du comportement alimentaire, TCA) désignent un ensemble de troubles psychologiques caractérisés par des comportements alimentaires perturbés, souvent associés à des préoccupations excessives concernant le poids, la forme corporelle et l'alimentation. Les principaux troubles alimentaires incluent l'anorexie mentale, la boulimie et l'hyperphagie boulimique. Ces troubles sont complexes et ont des origines multifactorielles, incluant des facteurs psychologiques, biologiques, sociaux et environnementaux.

1. Anorexie mentale

L'anorexie mentale est un trouble alimentaire caractérisé par une restriction alimentaire sévère, une peur intense de prendre du poids, une image corporelle déformée et un contrôle excessif du poids corporel. Les personnes atteintes d'anorexie peuvent être très maigres tout en percevant leur corps comme étant en surpoids.

Les causes de l'anorexie sont complexes et incluent :
- Facteurs psychologiques : perfectionnisme, désir de contrôle, faible estime de soi.
- Facteurs sociaux : pressions sociales sur l'apparence physique, notamment à travers les médias.
- Facteurs familiaux : conflits familiaux, attentes élevées, et parfois l'histoire familiale de troubles alimentaires ou de troubles psychologiques.
- Facteurs biologiques : déséquilibres hormonaux, génétique et anomalies cérébrales pouvant influencer le comportement alimentaire.

Symptômes :
- Restriction alimentaire extrême.
- Peur intense de prendre du poids.
- Image corporelle déformée (perception du corps plus grand qu'il ne l'est réellement).
- Perte de poids significative.
- Trouble de la régulation des émotions.

Risques :
- Physiques : dénutrition, troubles cardiaques, os fragiles, déshydratation, carences en nutriments, défaillance d'organes.
- Psychologiques : dépression, anxiété, troubles de l'humeur, trouble obsessionnel-compulsif.
- Mortalité élevée : l'anorexie a le <u>taux de mortalité le plus élevé de tous les troubles mentaux</u>, en raison des complications physiques et des risques suicidaires.

Traitement :
- Psychothérapie : thérapie cognitivo-comportementale (TCC), thérapie familiale, thérapie centrée sur la motivation (entretien motivationnel).
- Prise en charge médicale : soins nutritionnels, traitement des complications médicales.
- Médicaments : antidépresseurs et anxiolytiques peuvent être utilisés pour traiter les symptômes associés comme l'anxiété et la dépression.

2. Boulimie

La boulimie se caractérise par des frénésies alimentaires suivies de comportements pour éviter la prise de poids, tels que des vomissements, l'utilisation excessive de laxatifs ou des exercices physiques extrêmes. Les personnes atteintes de boulimie ressentent une perte de contrôle pendant les épisodes de suralimentation et ont souvent une préoccupation excessive pour leur poids.

Les facteurs de risque de la boulimie comprennent :
- Facteurs psychologiques : faible estime de soi, troubles de l'humeur, perfectionnisme.
- Facteurs sociaux : pression sociale pour une image corporelle idéalisée, troubles relationnels.
- Facteurs biologiques : prédisposition génétique et déséquilibres neurobiologiques, notamment des anomalies des neurotransmetteurs comme la sérotonine.

Symptômes :
- Frénésie alimentaire (consommation excessive de nourriture dans un temps court).
- Comportements de purge (vomissements, laxatifs, jeûne excessif).
- Préoccupation constante pour le poids et l'image corporelle.
- Sentiment de culpabilité ou honte après les épisodes de frénésie alimentaire.

Risques :
- Physiques : déshydratation, déséquilibre électrolytique, troubles cardiaques, problèmes digestifs, lésions dentaires dues aux vomissements fréquents.
- Psychologiques : dépression, anxiété, troubles obsessionnels-compulsifs.
- Comportementaux : relations perturbées, isolement social.

Traitement :
- Psychothérapie : la thérapie cognitivo-comportementale (TCC) est très efficace pour traiter la boulimie.

- Traitement médical : gestion des complications physiques, surveillance de la santé physique.
- Médicaments : des antidépresseurs peuvent être prescrits pour traiter les symptômes de dépression et d'anxiété associés.

3. Hyperphagie boulimique
L'hyperphagie boulimique se caractérise par des épisodes récurrents de suralimentation excessive, sans comportements de purge. Contrairement à la boulimie, les personnes atteintes d'hyperphagie ne tentent pas de se débarrasser de la nourriture en vomissant ou en utilisant des laxatifs.

Les origines de l'hyperphagie boulimique incluent :
- Facteurs psychologiques : tristesse, stress, dépression, vide émotionnel.
- Facteurs sociaux : pression sociale et culturelle liée à l'image corporelle.
- Facteurs biologiques : dérèglements hormonaux, anomalies dans les systèmes neurobiologiques régulant l'appétit et la satiété.

Symptômes :
- Consommation excessive de nourriture en peu de temps (parfois des milliers de calories).
- Culpabilité et honte après les épisodes.
- Absence de purges (vomissements, exercices excessifs).

Risques :
- Obésité, diabète, maladies cardiaques.
- Problèmes psychologiques : dépression, anxiété, troubles de l'image corporelle.
- Problèmes sociaux et isolement.

Traitement :
- Psychothérapie : la thérapie cognitivo-comportementale (TCC) est recommandée pour aider à comprendre et gérer les comportements alimentaires.
- Médicaments : des antidépresseurs peuvent être utilisés pour traiter les troubles de l'humeur associés à l'hyperphagie.

<u>L'hypnose peut être un outil complémentaire</u> dans le traitement des troubles alimentaires, notamment pour aider à :
- Faciliter le rétablissement d'une relation saine avec l'alimentation en modifiant les perceptions et croyances négatives.
- La gestion des compulsions alimentaires et des épisodes de frénésie.
- Le renforcement de l'estime de soi et la gestion du stress émotionnel.
- La réduction des pensées négatives et des croyances limitantes sur l'image corporelle.

Cependant, elle doit être utilisée en complément d'autres thérapies telles que la thérapie cognitivo-comportementale et <u>sous supervision médicale</u> pour assurer un traitement complet et holistique des troubles alimentaires.

C. Les perversions

En psychologie, les perversions font généralement référence à des comportements sexuels qui s'écartent des normes sociétales et morales en vigueur, souvent associés à un désir ou une gratification intense qui peut être déviant par rapport à la sexualité dite "normale" ou conventionnelle. Cependant, le terme perversion peut aussi être utilisé dans un sens plus large pour désigner des comportements ou des pensées qui dévient des attentes sociales et qui peuvent perturber le bien-être ou les relations sociales de l'individu.

Origine et évolution du terme :
- Le terme perversion a historiquement été utilisé pour désigner des comportements sexuels jugés non conformes aux attentes sociales, comme la pédophilie, le sadisme, le masochisme, ou l'exhibitionnisme.
- Dans la psychanalyse, le terme a été utilisé par Sigmund Freud pour désigner des comportements qui ne correspondaient pas aux normes sociales ou aux stades de développement psychosexuel attendus. Freud a notamment lié la perversion à des fixations ou des retards dans le développement psychosexuel.

Types de perversions :
Les perversions sexuelles comprennent diverses pratiques ou attirances qui sont considérées comme non-conventionnelles, voire pathologiques dans certains cas, par rapport aux normes sexuelles majoritaires. Voici quelques exemples :

- Sadisme : recherche de la douleur chez l'autre pour le plaisir sexuel.
- Masochisme : recherche de la douleur ou de l'humiliation sur soi-même pour le plaisir sexuel.
- Fétichisme : attachement sexuel à un objet ou à une partie du corps spécifique (ex. : pieds, chaussures).
- Voyeurisme : recherche de plaisir sexuel en observant d'autres personnes en train de se déshabiller ou d'avoir des relations sexuelles.
- Exhibitionnisme : recherche de plaisir sexuel en exposant ses organes génitaux en public.

Les perversions et la psychologie :
Les perversions sont souvent associées à une dysfonction ou une perturbation du développement psychosexuel, en particulier pendant les premières étapes de la vie, selon les théories psychanalytiques. Cependant, ces comportements peuvent aussi être expliqués par des facteurs sociaux, culturels, ou environnementaux (par exemple, des expériences traumatiques ou des facteurs sociaux de rejet). Elles peuvent se manifester sous différentes formes et dans des contextes variés. On parle de pathologie lorsque le comportement est devenu inévitable et incontrôlable pour la personne.

Les causes des perversions sont complexes et peuvent être liées à plusieurs facteurs :

1. Théories psychanalytiques : selon Freud, la perversion découle souvent de stades de développement psychosexuel inachevés, où les désirs et besoins sont restés fixés à une étape particulière (par exemple, le sadisme ou le

masochisme liés à une fixation à la phase anale du développement).

2. Expériences traumatiques : les perversions peuvent parfois résulter de traumatismes dans l'enfance, de mauvais traitements ou d'abus sexuels.

3. Facteurs biologiques : certaines études suggèrent que des facteurs biologiques ou neurologiques, comme des déséquilibres chimiques dans le cerveau, peuvent influencer le comportement sexuel.

4. Apprentissage et socialisation : des influences culturelles et sociales peuvent également jouer un rôle dans la formation de comportements sexuels déviants.

Conséquences des perversions :
- Problèmes relationnels : les perversions peuvent perturber la vie sexuelle et affective d'un individu, conduisant à des difficultés de relations intimes et à une incapacité à établir des liens émotionnels sains.
- Impact psychologique : les perversions peuvent être liées à des sentiments de honte, de culpabilité, de dépression ou d'anxiété, en particulier <u>si elles sont perçues comme inacceptables</u> par l'individu ou par la société.
- Problèmes légaux et éthiques : certains comportements pervertis, comme le voyeurisme ou l'exhibitionnisme, peuvent mener à des comportements illégaux, ce qui peut entraîner des sanctions pénales.

Traitement des perversions :
Le traitement des perversions varie en fonction de la gravité du trouble et de la nature des comportements. La personne doit reconnaître un problème et être motivée à le traiter. Les approches peuvent inclure :

- Psychothérapie psychanalytique : cette approche se concentre sur l'exploration des causes profondes des perversions et de leurs liens avec le développement psychosexuel de l'individu.
- Thérapie cognitivo-comportementale (TCC) : l'accent est mis sur la modification des comportements et des pensées associés à la perversion, ainsi que sur l'instauration de comportements plus adaptés.
- Thérapie de groupe : dans certains cas, les groupes de soutien peuvent aider les individus à comprendre et à modifier leurs comportements.
- Médicaments : dans certains cas, les médicaments, comme les inhibiteurs sélectifs de la recapture de la sérotonine (ISRS), peuvent être utilisés pour traiter des comportements compulsifs ou des troubles liés à des perversions sexuelles.

L'hypnose peut parfois offrir un soutien thérapeutique pour les individus confrontés à des perversions, mais <u>elle n'est pas un traitement suffisant</u>. Elle peut être utile pour traiter certains aspects des perversions, notamment en ce qui concerne la gestion des émotions, la modification des schémas comportementaux et la résolution de conflits internes. Toutefois, pour des troubles plus graves ou profonds, une approche intégrant plusieurs méthodes thérapeutiques (psychanalyse, thérapie cognitivo-comportementale, etc.) est souvent nécessaire.

Le terme perversion en psychologie renvoie donc à un large éventail de comportements qui dévient des normes sociales ou psychosexuelles. Si ces comportements peuvent être sources de souffrance pour les individus concernés, ils sont souvent liés à des dynamiques psychologiques profondes qui peuvent être traitées à l'aide de différentes formes de psychothérapie. Les perversions ne sont pas seulement des troubles sexuels, mais des perturbations qui touchent la façon dont un individu interagit avec lui-même et les autres sur le plan émotionnel, social et affectif.

D. La psychopathie

La psychopathie est un trouble de la personnalité caractérisé par des comportements antisociaux, une insensibilité émotionnelle, et un manque de remords ou de culpabilité. Les individus atteints de psychopathie sont souvent capables de manipuler les autres pour leur propre gain, sans éprouver de véritables émotions comme la honte, la culpabilité ou la peur.

Les symptômes de la psychopathie varient d'une personne à l'autre, mais incluent généralement les éléments suivants :
- Manipulation : les psychopathes sont souvent habiles à manipuler les autres, en utilisant le charme ou la flatterie pour obtenir ce qu'ils veulent.
- Absence de culpabilité ou de remords : les psychopathes ne ressentent pas de culpabilité pour leurs actes, même lorsqu'ils causent du tort à d'autres.

- Manque d'empathie : ils éprouvent peu ou pas d'empathie envers les autres, ce qui les empêche de comprendre ou de ressentir les émotions d'autrui.
- Comportements antisociaux : ils peuvent avoir des antécédents de comportements violents ou criminels, sans se soucier des conséquences.
- Impulsivité : bien que les psychopathes puissent être très intelligents, ils agissent souvent de manière impulsive, sans réfléchir aux répercussions.
- Grandiose sens de soi : ils ont souvent une image de soi excessivement positive, croyant être supérieurs aux autres.

Les causes de la psychopathie sont complexes et peuvent être le résultat d'une combinaison de facteurs biologiques, génétiques et environnementaux :

- Génétique : il y a des preuves suggérant que la psychopathie peut avoir une composante génétique, avec des études montrant que certains traits psychopathiques sont plus fréquents chez les membres de familles de psychopathes.
- Facteurs cérébraux : des études sur le cerveau des psychopathes ont révélé des anomalies dans les zones liées à l'empathie, à l'émotion et au contrôle des impulsions, comme l'amygdale et le cortex préfrontal.
- Environnement : des expériences traumatisantes ou abusives pendant l'enfance, comme la maltraitance, l'abandon ou le manque de soins parentaux, peuvent également jouer un rôle dans le développement de la psychopathie.

- Facteurs socioculturels : des facteurs tels que la pauvreté, l'exposition à la violence ou la négligence familiale peuvent contribuer à l'émergence de comportements psychopathiques, bien que la psychopathie ne soit pas exclusivement le résultat d'un mauvais environnement.

Les individus psychopathes présentent un certain nombre de risques, tant pour eux-mêmes que pour les autres :
- Comportements criminels : de nombreux psychopathes ont un historique de comportements criminels, de violence, de fraude, de manipulation ou d'exploitation.
- Problèmes interpersonnels : leur incapacité à ressentir de l'empathie et leur tendance à manipuler les autres peuvent rendre les relations personnelles et professionnelles très difficiles.
- Comportement impulsif et risqué : ils prennent souvent des décisions impulsives qui peuvent les mettre en danger, ou mettre les autres en danger.
- Détérioration de la société : la psychopathie peut contribuer à des comportements nuisibles à la société, y compris des actes de violence, d'abus ou d'exploitation.

Le traitement de la psychopathie est complexe et souvent difficile. Cependant, plusieurs approches peuvent être utilisées pour aider les individus psychopathes à mieux gérer leurs comportements :
- Psychothérapie : les psychothérapies, telles que la thérapie cognitivo-comportementale (TCC), sont souvent utilisées pour aider les psychopathes à comprendre et à modifier leurs comportements. Cependant, la psychopathie étant un

trouble de la personnalité profondément enraciné, il peut être difficile d'obtenir des résultats significatifs.
- Médicaments : bien qu'il n'existe pas de médicament spécifique pour traiter la psychopathie, des médicaments peuvent être prescrits pour traiter les symptômes associés, comme l'irritabilité, l'impulsivité, ou les troubles de l'humeur.
- Programmes de réhabilitation : dans des contextes pénitentiaires, des programmes de réhabilitation peuvent être mis en place pour aider les individus à mieux comprendre leur comportement antisocial et à améliorer leur gestion des émotions.

<u>L'hypnose seule n'est pas suffisante</u> pour traiter la psychopathie. Un traitement combiné, incluant la psychothérapie, les médicaments et d'autres approches thérapeutiques, est souvent nécessaire.

La psychopathie est un trouble complexe et profondément enraciné qui nécessite souvent un traitement spécialisé. Bien que l'hypnose puisse jouer un rôle dans le traitement de certains symptômes ou comportements, elle ne doit pas être vue comme une solution autonome. Un traitement multifacette impliquant des approches cognitivo-comportementales, des médicaments et une intervention professionnelle adaptée reste essentiel pour aider les individus psychopathes à mieux comprendre et gérer leurs comportements.

La plasticité émotionnelle et cognitive

La plasticité émotionnelle et cognitive fait référence à la capacité du cerveau et de l'esprit humain à s'adapter, à changer et à se réorganiser en réponse à des expériences, des apprentissages ou des événements de vie. Cette plasticité est au cœur de nombreux processus de guérison et de développement personnel, car elle permet de modifier les schémas de pensée et les émotions, même après des expériences traumatiques ou des croyances limitantes.

1. Ressources internes : identifier et mobiliser les capacités d'adaptation du client

Les ressources internes font référence aux capacités innées et acquises que possède chaque individu pour faire face aux défis de la vie. Ces ressources incluent des compétences émotionnelles, des mécanismes de gestion du stress, la résilience, la confiance en soi, et les capacités d'adaptation cognitives et comportementales.

- Identifier les ressources : en hypnose, par exemple, un praticien peut guider le client à reconnaître et à explorer ces ressources internes par des techniques de régression ou de visualisation. Cela permet de renforcer les capacités d'adaptation du client face à des situations stressantes ou des émotions difficiles.
- Mobiliser les ressources : une fois identifiées, ces ressources peuvent être mobilisées pour aider le client à surmonter des obstacles, à augmenter sa résilience face aux difficultés et à développer une meilleure gestion émotionnelle. Les techniques d'ancrage, en hypnose, aident à renforcer ces

ressources pour qu'elles deviennent accessibles dans la vie quotidienne.

2. Visualisation positive : créer des scénarios pour renforcer la confiance ou réduire la peur

La visualisation positive est une technique qui consiste à imaginer mentalement des scènes ou des expériences agréables, dans le but de renforcer les émotions positives, la confiance en soi ou de réduire des émotions négatives telles que la peur.

- Renforcer la confiance : par exemple, un individu peut être invité à visualiser un futur où il réussit une tâche importante, où il fait face à des situations de manière sereine et efficace. Cette visualisation renforce les croyances positives sur sa propre compétence et sa capacité à gérer des défis.
- Réduire la peur : lorsqu'une personne ressent de la peur ou de l'anxiété, la visualisation peut l'aider à créer des scénarios alternatifs où elle se sent calme et en contrôle. Cela permet de reprogrammer les réponses émotionnelles en remplaçant les scénarios anxieux par des expériences apaisantes et de confiance.

Les recherches montrent que la visualisation peut activer les mêmes zones du cerveau que celles utilisées pendant l'expérience réelle, renforçant ainsi les connexions neuronales et entraînant des changements émotionnels durables.

3. Optimisme appris : reprogrammer les pensées pour cultiver une perspective positive

L'optimisme appris fait référence à l'idée que les individus peuvent être entraînés à adopter une vision plus positive et constructive de la vie, même face à des difficultés. Contrairement à l'optimisme inné, l'optimisme appris implique de modifier les schémas cognitifs pour se concentrer sur les aspects positifs de la vie, même dans les moments difficiles.

- Reprogrammer les pensées : en hypnose ou dans le cadre de la thérapie cognitivo-comportementale, les praticiens aident les individus à identifier les pensées négatives ou déformées (comme les généralisations excessives ou la pensée catastrophique), puis à les remplacer par des pensées plus réalistes et positives. Cela peut inclure des stratégies comme le recadrage des expériences négatives en opportunités d'apprentissage ou de croissance.
- Cultiver une perspective positive : par l'optimisme appris, un individu peut progressivement entraîner son cerveau à voir des situations sous un angle plus favorable, réduisant ainsi le stress et l'anxiété. Cette approche repose sur l'idée que l'attitude d'une personne face à une situation influe grandement sur son expérience émotionnelle.

La plasticité émotionnelle et cognitive est une fonction adaptative du cerveau qui permet aux individus de se réorganiser et de changer leur manière de penser et de ressentir, en réponse à des expériences de vie. Par l'utilisation de ressources internes, de visualisation positive et d'optimisme appris, on peut favoriser cette plasticité et amener des changements significatifs dans la manière dont un individu fait face aux défis de la vie.

Ces approches sont très pertinentes dans le cadre de l'hypnothérapie et de l'accompagnement psychologique, car elles visent à reprogrammer les schémas de pensée et à modifier les réponses émotionnelles de manière durable, ce qui peut aider à traiter une variété de troubles, y compris l'anxiété, la dépression, les phobies, ou encore à améliorer la gestion du stress.

Techniques de communication psychologique

Les techniques de communication psychologique sont des outils utilisés dans la relation thérapeutique pour établir un rapport de confiance, explorer les problématiques du client et faciliter la compréhension des besoins et des émotions sous-jacentes. Ces techniques visent à promouvoir un environnement sûr, respectueux et propice à la croissance personnelle du client.

1. Reformulation : vérifier la compréhension et clarifier les besoins du client

La reformulation est une technique de communication où le thérapeute ou le praticien répète, reformule ou résume ce que le client vient de dire, avec ses propres mots. Cette technique a plusieurs objectifs :

- Vérification de la compréhension : elle permet au thérapeute de confirmer qu'il a bien compris ce que le client a exprimé, en reprenant les idées principales de manière claire et concise.
- Clarification des besoins : la reformulation aide à clarifier les besoins sous-jacents du client, ce qui peut parfois ne pas être immédiatement évident dans un premier temps. Cela permet également au client de prendre du recul et de mieux comprendre ses propres pensées ou sentiments.

Exemple : le client dit : "Je me sens bloqué dans ma vie professionnelle, comme si je n'avançais pas."
Le thérapeute pourrait reformuler : "Si je comprends bien, vous

ressentez un manque d'avancement dans votre carrière, et cela vous empêche de vous sentir épanoui. Est-ce bien ça ?"

2. Questionnement stratégique : questions ouvertes pour explorer les problématiques

Le questionnement stratégique consiste à poser des questions ouvertes qui encouragent le client à explorer en profondeur ses pensées, ses émotions, et les raisons derrière ses comportements. Ce type de questionnement est essentiel pour mieux comprendre la situation du client et les mécanismes qui sous-tendent ses problèmes. L'objectif est de stimuler la réflexion et la prise de conscience chez le client, sans lui imposer des réponses ou des solutions.

Les questions ouvertes sont des questions qui ne peuvent pas être répondues par un simple "oui" ou "non", et qui invitent le client à développer sa réponse. Elles sont souvent formulées de manière à permettre une exploration plus large, ce qui peut aider à éclaircir des problématiques ou des émotions.

Voici quelques exemples de questions stratégiques que l'on peut utiliser en thérapie :

- Questions pour explorer les raisons du blocage ou des difficultés :
  - "Qu'est-ce qui vous empêche, selon vous, d'avancer dans cette situation ?"
  - "Si vous pouviez changer une chose dans cette situation, ce serait quoi ?"
  - "Qu'est-ce qui vous a déjà empêché de prendre des décisions différentes dans le passé ?"

- Questions pour examiner les croyances et les perceptions :
  - "Comment voyez-vous la situation sous un autre angle ?"
  - "Qu'est-ce que vous croyez qu'il se passerait si vous agissiez différemment ?"
  - "Quels sont les bénéfices de maintenir cette situation telle qu'elle est pour vous ?"

- Questions pour faire émerger des ressources internes :
  - "Qu'est-ce qui vous a déjà permis de surmonter des obstacles similaires dans le passé ?"
  - "Dans quel contexte vous êtes-vous déjà senti plus confiant(e) ou plus capable ?"
  - "Quelles sont les forces ou compétences que vous possédez qui pourraient vous aider à avancer dans cette situation ?"

- Questions pour reformuler les problèmes ou créer des perspectives alternatives :
  - "Et si ce n'était pas un problème, mais une opportunité ?"
  - "Quel pourrait être le plus petit pas que vous puissiez faire pour commencer à changer cette situation ?"
  - "Si vous aviez le pouvoir de résoudre cette situation de manière idéale, que feriez-vous ?"

- Questions pour explorer les conséquences :

- "Comment cette situation affecte-t-elle votre bien-être à long terme ?"
- "Qu'est-ce que cela pourrait vous coûter si cette situation ne change pas ?"
- "Si vous ne faites rien aujourd'hui, que se passera-t-il dans un mois, un an ?"

* Questions pour ouvrir l'imagination et la créativité :
- "Si vous aviez une baguette magique et pouviez changer instantanément cette situation, que changeriez-vous ?"
- "Si vous donniez un conseil à un ami dans la même situation, que lui diriez-vous ?"
- "Comment votre vie serait-elle différente si vous n'aviez plus cette préoccupation ?"

* Questions sur les émotions et les besoins sous-jacents :
- "Comment vous sentez-vous chaque fois que vous pensez à cette situation ?"
- "Qu'est-ce qui vous manque dans cette situation ?"
- "Quels sont les besoins non satisfaits qui sous-tendent cette difficulté ?"

* Questions pour encourager l'action :
- "Quel est le premier petit pas que vous pouvez faire dès aujourd'hui pour avancer vers votre objectif ?"
- "Qu'est-ce que vous pourriez changer cette semaine pour améliorer votre situation ?"
- "Qu'est-ce que vous pouvez faire dès maintenant pour vous rapprocher de la solution ?"

- Questions pour susciter le changement de perspective :
  - "Si quelqu'un d'autre regardait cette situation, que penserait-il ?"
  - "Que diriez-vous à la version de vous-même d'il y a six mois, si vous pouviez lui donner un conseil aujourd'hui ?"
  - "Qu'est-ce que vous apprenez de cette expérience, même si elle est difficile ?"

- Questions pour renforcer la motivation et la vision à long terme :
  - "Pourquoi est-ce important pour vous de résoudre cette situation maintenant ?"
  - "Comment votre vie serait-elle différente dans un an si vous agissiez dès maintenant ?"
  - "Quelles sont les valeurs ou les objectifs personnels qui vous poussent à vouloir changer cette situation ?"

Ces questions stratégiques sont conçues pour amener le client à réfléchir différemment sur ses problèmes, ses émotions, et ses comportements, en ouvrant la voie à de nouvelles perspectives et en activant des ressources internes. Elles permettent également de favoriser l'introspection et l'autonomisation du client dans le processus de changement.

3. Empathie : montrer au client qu'il est entendu et compris
L'empathie est la capacité du thérapeute à se mettre à la place du client, à comprendre et à ressentir ce que ce dernier vit, sans jugement ni critique. Elle est essentielle dans la relation

thérapeutique, car elle permet au client de se sentir accepté, entendu et validé dans ses émotions et ses expériences. L'empathie crée un lien de confiance, ce qui permet au client de s'ouvrir davantage et de partager des pensées ou des sentiments qu'il pourrait autrement hésiter à exprimer.

- Écoute active et non-verbale : l'empathie ne se limite pas à l'écoute verbale. Elle se traduit aussi par une écoute non-verbale, comme le contact visuel, la posture ouverte et un ton de voix chaleureux. Le thérapeute montre qu'il est pleinement présent et attentif au client.

Exemple :
Le thérapeute pourrait dire : "Je vois que cette situation vous affecte profondément. Cela doit être difficile pour vous." Cela montre que le thérapeute comprend les sentiments du client, sans les juger.

4. Validation : reconnaître les expériences du client sans jugement

La validation consiste à reconnaître et à accepter les expériences, émotions et pensées du client sans les minimiser ou les juger. C'est une technique très efficace, surtout dans les contextes où le client peut se sentir incompris ou rejeté. Valider les sentiments d'une personne permet d'instaurer un climat de confiance et favorise une meilleure régulation émotionnelle. La validation ne signifie pas forcément être d'accord avec ce que le client ressent, mais plutôt reconnaître que ses sentiments sont réels et compréhensibles dans le contexte de sa situation.

- Reconnaissance sans jugement : le thérapeute ne cherche pas à corriger les émotions ou pensées du client, mais plutôt à les reconnaître comme valides. Cela aide le client à se sentir soutenu et à accepter ses émotions sans culpabilité.

Exemple :
Le praticien pourrait dire : "Il est compréhensible que vous vous sentiez frustré après tout ce que vous avez traversé. C'est normal d'avoir ces émotions dans ce contexte."
Ces techniques de communication psychologique sont des outils essentiels pour établir une relation thérapeutique positive et productive. Elles permettent au thérapeute de comprendre en profondeur les problématiques du client, tout en favorisant un environnement de soutien, de respect et d'acceptation. La reformulation, le questionnement stratégique, l'empathie et la validation jouent toutes un rôle clé dans le processus de changement et d'évolution, en aidant le client à mieux comprendre ses propres émotions, pensées et comportements.

La dynamique du changement

La dynamique du changement est un concept essentiel en psychologie, notamment dans le cadre de la thérapie, où l'objectif est d'aider une personne à évoluer, à modifier ses comportements, ses croyances ou ses émotions. Le processus de changement est rarement linéaire et implique plusieurs facteurs psychologiques, parmi lesquels la résistance, l'engagement et les projections futures.

1. Résistances : comprendre pourquoi certaines personnes résistent au changement

La résistance au changement est une réaction courante que beaucoup de personnes éprouvent lorsqu'elles se retrouvent face à une transformation dans leur vie. Cette résistance peut être consciente ou inconsciente, et elle prend diverses formes.

- Peur de l'inconnu : le changement implique souvent de sortir de sa zone de confort, ce qui peut être perçu comme effrayant ou incertain.
- Manque de confiance en soi : certaines personnes doutent de leurs capacités à réussir un changement et préfèrent rester dans une situation connue, même si elle est insatisfaisante.
- Croyances limitantes : des convictions profondes, souvent issues de l'enfance ou de l'expérience passée, peuvent empêcher une personne de croire qu'un changement est possible ou souhaitable.

- Attachement à l'ancien état : parfois, le changement peut exiger de renoncer à des habitudes ou à des relations familiales, créant ainsi une forme de deuil. Le processus de laisser aller ce qui était auparavant confortable peut engendrer une résistance.
- Émotions négatives associées au changement : la peur, la honte, la culpabilité ou même l'indifférence peuvent entraîner un blocage émotionnel, rendant difficile toute évolution.

Comment surmonter la résistance ?
- Valider les sentiments : montrer à la personne que ses émotions sont comprises et respectées permet d'ouvrir un espace pour la discussion et le changement.
- Créer une relation de confiance : établir une relation empathique et sécurisante est essentiel pour réduire la résistance. La personne doit se sentir soutenue.
- Reformuler les croyances limitantes : amener la personne à remettre en question ses croyances négatives ou rigides sur le changement et sur ses propres capacités.
- Découper le changement en petites étapes : le changement peut sembler accablant, mais en le divisant en étapes réalisables, il devient plus accessible.

2. Engagement : aider les clients à se sentir responsables de leur propre transformation

L'engagement est essentiel pour réussir tout processus de changement. Lorsque les individus se sentent responsables de leur transformation, ils sont beaucoup plus susceptibles de maintenir leurs efforts et de surmonter les obstacles.

Comment favoriser l'engagement ?
- Clarifier les objectifs personnels : lorsque le client est impliqué dans l'identification de ses propres objectifs, il est plus susceptible de s'engager. Il doit sentir que ce qu'il veut changer est important pour lui, et non imposé par l'extérieur.
- Autonomie : donner au client un certain contrôle sur le processus. Plus une personne se sent autonome dans ses choix, plus elle est susceptible de s'engager activement dans le changement.
- Mettre en évidence les bénéfices du changement : il est essentiel d'aider la personne à voir clairement les avantages à long terme du changement et à renforcer la motivation intrinsèque.
- Renforcement positif : célébrer même les petites réussites et encourager une attitude positive. Cela motive à continuer les efforts et à maintenir l'engagement sur la durée.
- Responsabilisation progressive : en donnant des tâches ou des actions concrètes, le client peut commencer à prendre conscience de ses propres capacités et à renforcer son engagement dans le processus.

3. Projections futures : encourager à imaginer un futur positif comme source de motivation
Les projections futures sont un puissant levier pour la motivation. En se projetant dans l'avenir, les clients peuvent mieux visualiser les

bénéfices du changement et les résultats positifs qu'ils espèrent atteindre. Cela crée une source de motivation importante, en aidant à renforcer l'espoir et à réduire la peur du changement.

Comment utiliser les projections futures ?
- Visualisation positive : encourager le client à imaginer un futur où il a réussi à atteindre ses objectifs. Cette technique est souvent utilisée en hypnose et en thérapie comportementale pour renforcer la confiance en soi et la motivation.
- Metaphorisation : utiliser des métaphores ou des histoires pour permettre au client de se voir dans un futur où il a surmonté ses difficultés et mène une vie plus épanouie.
- Planification : la projection dans le futur peut être accompagnée d'une planification réaliste et progressive. Cela aide le client à comprendre comment les petits changements actuels peuvent se traduire en grands progrès à long terme.
- Réévaluation des ressources internes : aider la personne à repenser ses forces et ses ressources actuelles. Quand on visualise un futur positif, il est plus facile de se rendre compte que l'on possède déjà les outils nécessaires pour réussir.
- Éviter la projection négative : en l'absence de projections futures positives, certains individus risquent de se concentrer sur leurs échecs passés ou de projeter des scénarios négatifs. Il est essentiel de rediriger cette tendance pour amener une perspective plus optimiste.

La dynamique du changement en psychologie repose sur la compréhension et la gestion des résistances, l'engagement du client dans son processus de transformation et la capacité à utiliser des projections futures pour maintenir la motivation. Chacune de ces étapes peut être travaillée de manière spécifique, et lorsqu'elles sont combinées efficacement, elles créent une dynamique de changement solide et durable. En tant que praticien, il est important de savoir reconnaître les obstacles psychologiques au changement et de soutenir le client dans sa quête de transformation personnelle.

Le principe du "faire comme si" est une approche psychologique et thérapeutique qui consiste à adopter un comportement, une croyance ou une attitude comme si elle était déjà réelle ou déjà accomplie, même si ce n'est pas encore le cas. Cette approche peut être utilisée dans divers contextes thérapeutiques, y compris en hypnose, et repose sur des mécanismes internes puissants qui influencent les émotions, les croyances et les comportements d'une personne.

1. L'intérêt de "faire comme si"
L'intérêt principal de cette méthode est de permettre à une personne de se comporter comme si elle avait déjà atteint l'objectif qu'elle se fixe. Cela peut être particulièrement utile pour surmonter des blocages, des peurs ou des doutes, en créant un changement au niveau cognitif et émotionnel avant même que le changement réel n'ait lieu. En agissant "comme si", la personne modifie

progressivement ses schémas de pensée et son état émotionnel, ce qui peut l'amener à plus facilement réussir à atteindre ses objectifs.

Exemple : si une personne cherche à gagner en confiance en soi, elle peut commencer à se comporter "comme si" elle était déjà confiante, même si elle ne se sent pas encore à l'aise dans ce rôle. Ce comportement adopte une attitude plus affirmée, se traduit par des actions plus décidées et finit par renforcer la confiance en soi au fur et à mesure que la personne expérimente ce nouvel état d'être.

2. Le mécanisme interne du "faire comme si"
Le mécanisme sous-jacent du "faire comme si" repose sur plusieurs principes psychologiques et neurocognitifs :

- Activation des réseaux neuronaux : en adoptant un comportement ou une attitude "comme si" elle était déjà réelle, la personne active des réseaux neuronaux associés à cette attitude ou comportement. Le cerveau, confronté à un comportement qui semble réel, s'ajuste peu à peu pour rendre ce comportement plus naturel et ancré dans la réalité. C'est l'un des fondements de la neuroplasticité.
- Identification et transformation des croyances : adopter un comportement ou une croyance "comme si" permet de modifier les croyances limitantes. Par exemple, quelqu'un qui pense "je suis trop timide pour prendre la parole en public" peut, en agissant "comme si" il était un orateur confiant, remplacer progressivement cette croyance par une plus positive.

- Processus de simulation : "faire comme si" permet de simuler une situation ou un état désiré. Ce processus est proche de l'imagerie mentale, où le cerveau réagit comme s'il vivait réellement une situation, ce qui favorise la préparation psychologique et émotionnelle avant de passer à l'action.
- Renforcement positif et feedback interne : lorsqu'une personne agit "comme si" elle avait déjà atteint son objectif, elle commence à recevoir des retours positifs (ou à percevoir des réussites internes) qui renforcent ce comportement. Cela crée un cercle vertueux où la personne gagne en confiance et en maîtrise de la situation.

3. Les effets attendus du "faire comme si"
   - Renforcement de l'estime de soi : le simple fait de se comporter "comme si" on avait plus de confiance ou de capacité peut directement améliorer l'estime de soi. La personne expérimente un changement, ce qui renforce sa conviction qu'elle peut atteindre ses objectifs.
   - Réduction de l'anxiété et des peurs : en agissant "comme si" on était déjà capable de faire face à une situation anxiogène, la personne peut progressivement réduire son anxiété. Cela est particulièrement utile dans les cas de phobies ou d'anxiété sociale.
   - Facilitation du changement comportemental : en modifiant le comportement et l'attitude de manière temporaire, on permet au corps et à l'esprit de s'adapter à de nouvelles façons de faire. Cela facilite la transition vers un changement durable.

- Optimisation des performances : dans des contextes de performance (sport, travail, études), le fait d'adopter une posture de succès avant même d'avoir réellement réussi peut améliorer l'efficacité et la performance, car le cerveau commence à se préparer à réussir en reproduisant des comportements adéquats.

4. Le lien avec la pratique de l'hypnose
En hypnose, l'approche "faire comme si" est un outil puissant. Lors de séances d'hypnose, le thérapeute peut guider le client à vivre des situations "comme si" pour provoquer un changement dans l'état d'esprit ou de comportement.
- Inductions hypnotiques basées sur le "faire comme si" : le praticien peut inviter le client à imaginer qu'il a déjà réussi à surmonter sa peur, qu'il a confiance en lui ou qu'il est capable d'atteindre ses objectifs. L'hypnose permet d'amplifier cette simulation mentale et d'en ancrer les sensations corporelles et émotionnelles.
- Utilisation des métaphores : en hypnose, les métaphores sont souvent employées pour amener la personne à explorer un changement "comme si" elle avait déjà franchi un obstacle ou atteint un objectif. Cela permet d'influencer les perceptions et de faciliter les transformations intérieures.
- Renforcement des comportements adaptatifs : le "faire comme si" permet de créer des comportements ou des attitudes plus efficaces en mettant en place de nouvelles stratégies qui sont ensuite renforcées pendant l'état hypnotique.

Le "faire comme si" est une technique simple mais puissante qui peut être utilisée dans divers contextes psychologiques et thérapeutiques. En hypnose, cette approche permet d'accélérer le processus de changement en utilisant la simulation mentale et émotionnelle pour renforcer des comportements positifs et réduire les obstacles internes. En agissant "comme si", on transforme progressivement les croyances et comportements, créant ainsi un terrain favorable à l'évolution personnelle.

L'effet placebo désigne une amélioration de l'état de santé d'une personne après l'administration d'un traitement inerte, c'est-à-dire dépourvu de principe actif. Cette amélioration résulte de la croyance du patient en l'efficacité du traitement et de l'attente positive qu'il suscite.

Émile Coué[3] est l'un des premiers à avoir systématisé l'utilisation de l'autosuggestion comme moyen thérapeutique, démontrant que la pensée positive peut influencer l'état de santé. Ses travaux, basés sur l'idée que le subconscient influence fortement le corps, ont démontré qu'une croyance forte pouvait produire des résultats similaires à l'effet placebo, en mobilisant les capacités d'autoguérison de l'organisme.

---

[3] Pharmacien français, 1857-1926

1. Aspect psychologique
   - Attentes et croyances : la foi en un traitement, même fictif, peut activer des mécanismes psychologiques puissants, influençant la perception de la douleur ou les symptômes.
   - Conditionnement : si une personne associe un geste médical (comme une pilule ou une injection) à une guérison passée, cet apprentissage peut réactiver un effet bénéfique, même sans médicament actif.

2. Aspect neuroscientifique
   - Activation cérébrale :
   L'effet placebo modifie l'activité de certaines régions du cerveau :
     - Le cortex préfrontal et le système limbique participent à la gestion des attentes et des émotions.
     - Les centres de récompense, comme le nucleus accumbens, sont activés, générant une sensation de mieux-être.
   - Libération de neurotransmetteurs :
     - Les endorphines (antidouleurs naturels) sont produites, diminuant la douleur.
     - La dopamine est libérée, augmentant la sensation de bien-être.
     - Les corticoïdes (hormones de stress) diminuent, réduisant l'inflammation et le stress.
   - Plasticité neuronale : les circuits neuronaux associés aux symptômes peuvent être modulés par des attentes positives, renforçant l'effet thérapeutique.

3. Avantages :
- Efficacité prouvée :
L'effet placebo est particulièrement efficace dans des domaines comme la gestion de la douleur, les troubles psychosomatiques, ou encore les états anxieux.

    Exemple 1 : l'effet placebo et la gestion de la douleur
    Une expérience célèbre menée dans les années 1970 par le Dr. Henry K. Beecher a mis en lumière l'impact du placebo sur la douleur. Des patients en post-opération se voyaient administrer un placebo (solution saline) à la place d'un analgésique. Les patients étaient informés qu'il s'agissait d'un puissant antidouleur. Environ 30-40 % des patients ont signalé une diminution significative de la douleur.
    Les attentes positives des patients ont activé la libération d'endorphines, des antidouleurs naturels produits par le cerveau.
    Cette expérience a démontré que la croyance dans l'efficacité du traitement pouvait moduler la perception de la douleur.

    Exemple 2 : l'effet placebo et les traitements contre la dépression
    Une étude conduite par Irving Kirsch dans les années 2000 a analysé l'impact du placebo dans les traitements de la dépression. Des patients souffrant de dépression modérée à sévère ont été répartis en deux groupes : l'un recevait un antidépresseur actif, l'autre recevait un placebo présenté comme un véritable médicament. Les deux groupes ont

montré une amélioration significative, avec des différences marginales entre l'effet de l'antidépresseur et celui du placebo dans les cas modérés.

L'attente de guérison et la confiance dans le traitement ont suffi à induire des changements psychologiques positifs. Les recherches en neurosciences ont confirmé que l'effet placebo dans ce contexte impliquait des modifications de l'activité cérébrale, en particulier dans le cortex préfrontal.

4. Limites :
- Réponse variable : tout le monde ne réagit pas de la même manière. Certaines personnes sont très sensibles à l'effet placebo, tandis que d'autres ne le sont pas.
- Durée limitée : l'effet placebo est souvent temporaire et ne traite pas la cause biologique sous-jacente.

L'effet placebo illustre la puissance de l'esprit sur le corps, en particulier par le biais des attentes positives et des mécanismes cérébraux. Bien qu'il ait des limites, son efficacité dans des contextes spécifiques est bien établie. La méthode Coué, avec son focus sur l'autosuggestion, constitue une forme d'amplification volontaire de l'effet placebo, témoignant de la force des pensées dans les processus de guérison. Cependant, l'effet placebo ne doit pas être vu comme une substitution aux traitements nécessaires, mais comme un complément dans une approche holistique.

Comprendre la dépression

La dépression est un trouble psychologique complexe qui affecte le corps, l'esprit, et les émotions. Elle va bien au-delà d'un simple sentiment de tristesse ou de fatigue. Elle peut altérer profondément le fonctionnement quotidien et nécessiter une <u>prise en charge multidimensionnelle</u>.

La dépression est un trouble de l'humeur caractérisé par une tristesse persistante, une perte d'intérêt ou de plaisir pour des activités autrefois appréciées, accompagnée de symptômes physiques, cognitifs et émotionnels. Selon le DSM-5, pour qu'un épisode dépressif soit diagnostiqué, ces symptômes doivent durer au moins deux semaines et entraîner une souffrance cliniquement significative ou une altération du fonctionnement social, professionnel ou dans d'autres domaines importants.

Origines de la dépression

La dépression est multifactorielle, résultant d'une interaction complexe entre des facteurs biologiques, psychologiques et environnementaux :

1. Facteurs biologiques :
   - Génétique : une prédisposition familiale augmente le risque.
   - Déséquilibres neurochimiques : un déficit en neurotransmetteurs tels que la sérotonine, la dopamine ou la noradrénaline est souvent impliqué.
   - Dysfonctionnement cérébral : des anomalies dans les structures cérébrales comme l'amygdale, l'hippocampe et le cortex préfrontal.

- Hormones : des variations hormonales, comme celles observées lors de la grossesse ou de la ménopause, peuvent déclencher une dépression.

2. Facteurs psychologiques :
    - Traumatismes : des expériences d'abus, de négligence ou de pertes significatives dans l'enfance.
    - Personnalité : les individus avec une faible estime de soi, un perfectionnisme excessif ou une tendance à la rumination sont plus vulnérables.
    - Croyances négatives : une vision pessimiste et irréaliste de soi-même, des autres et du monde.

3. Facteurs environnementaux :
    - Stress chronique : les pressions financières, professionnelles ou relationnelles.
    - Isolement social : une absence de soutien peut exacerber les sentiments de désespoir.
    - Événements de vie : les divorces, licenciements, ou décès d'un proche peuvent être des déclencheurs.

Symptômes de la dépression
Les symptômes de la dépression peuvent être regroupés en plusieurs catégories :
1. Symptômes émotionnels :
    - Tristesse intense ou désespoir.
    - Perte d'intérêt ou de plaisir pour des activités.
    - Sentiment de culpabilité, d'inutilité ou d'impuissance.
    - Irritabilité ou agitation.

2. Symptômes cognitifs :
- Difficultés de concentration ou de prise de décision.
- Pensées récurrentes de mort ou de suicide.
- Ralentissement des pensées.

3. Symptômes physiques :
- Fatigue ou perte d'énergie persistante.
- Troubles du sommeil (insomnie ou hypersomnie).
- Changements d'appétit ou de poids (gain ou perte significative).
- Douleurs inexpliquées (maux de tête, douleurs musculaires).

4. Symptômes comportementaux :
- Retrait social.
- Négligence des responsabilités ou des soins personnels.
- Difficulté à accomplir des tâches quotidiennes.

Risques associés à la dépression
Sans traitement, la dépression peut avoir des conséquences graves :
- Isolement social : réduction des interactions et des relations interpersonnelles.
- Perte d'emploi : diminution de la productivité ou absences répétées.
- Maladies physiques : liens établis avec les maladies cardiovasculaires, l'hypertension, et les troubles immunitaires.
- <u>Suicide</u> : le risque est élevé chez les personnes souffrant de dépression majeure.

Impact de la dépression
La dépression affecte divers aspects de la vie :
- Sur le plan personnel : baisse de l'estime de soi et diminution de la qualité de vie.
- Sur les relations : conflits familiaux ou éloignement des amis.
- Sur le plan professionnel : difficulté à se concentrer, entraînant des erreurs ou des échecs.
- Impact sociétal : coûts économiques élevés dus à la perte de productivité et aux soins médicaux.

Traitements de la dépression
La dépression est une maladie traitable. Une approche combinée est souvent la plus efficace :
1. Traitements psychologiques :
- Thérapie cognitivo-comportementale (TCC) : vise à modifier les pensées négatives et les comportements inadaptés.
- Thérapie interpersonnelle : se concentre sur l'amélioration des relations et des interactions sociales.
- Thérapie psychodynamique : explore les conflits émotionnels sous-jacents et les expériences passées.

2. Traitements médicaux :
- Antidépresseurs : ils agissent sur les neurotransmetteurs pour rétablir l'équilibre chimique dans le cerveau.
- Stimulation cérébrale : techniques comme la stimulation magnétique transcrânienne (TMS) pour les cas résistants.

- Suivi médical : pour surveiller les effets secondaires et ajuster les traitements.

3. Approches complémentaires :
    - Activité physique : l'exercice régulier libère des endorphines, qui améliorent l'humeur.
    - Méditation et pleine conscience : réduction de l'anxiété et amélioration de la régulation émotionnelle.
    - Hypnose : aide à accéder aux ressources inconscientes pour gérer les émotions et renforcer la résilience.

4. Soutien social :
    - Groupes de soutien.
    - Participation à des activités communautaires pour réduire l'isolement.

Prévention de la dépression
- Hygiène de vie : maintenir un équilibre entre sommeil, alimentation et activité physique.
- Gestion du stress : apprendre des techniques de relaxation et de résilience.
- Cultiver des relations positives : avoir un réseau social solide.
- Reconnaître les signes précoces : chercher de l'aide dès les premiers symptômes.

En comprenant les origines, les symptômes et les impacts de la dépression, il est possible d'intervenir de manière efficace pour améliorer la qualité de vie des personnes qui en souffrent. Une approche globale, intégrant la thérapie, le soutien social, et des changements de mode de vie, offre les meilleures chances de guérison.

La dépression mineure et la dépression majeure sont deux formes de troubles dépressifs qui diffèrent en termes de gravité, de durée et d'impact sur la vie quotidienne. Voici les principales distinctions entre les deux :

Dépression mineure
1. Définition :
    - La dépression mineure, également appelée trouble dépressif léger, se caractérise par des symptômes dépressifs qui ne remplissent pas tous les critères pour un trouble dépressif majeur selon le DSM-5.
    - Les symptômes sont moins graves et leur impact sur la vie quotidienne est limité, bien que perceptible.

2. Critères diagnostiques :
    - Présence de 2 à 4 symptômes dépressifs (parmi ceux listés dans le DSM-5 : difficultés de concentration, sentiments de culpabilité excessive ou faible estime de soi, désespoir face à l'avenir, idées suicidaires, troubles du sommeil, fluctuations de l'appétit ou du poids, fatigue intense ou perte d'énergie), mais pas suffisamment pour diagnostiquer une dépression majeure.

- Les symptômes doivent persister au moins deux semaines.

3. Impact sur la vie quotidienne :
    - Les personnes peuvent fonctionner de manière relativement normale, mais avec une certaine difficulté ou perte de plaisir.
    - Souvent associée à un léger sentiment de tristesse ou de fatigue.

4. Traitement :
    - Approches psychologiques comme la thérapie cognitivo-comportementale (TCC) ou la thérapie interpersonnelle.
    - Modifications du mode de vie (exercice, alimentation, sommeil).
    - Médicaments rarement nécessaires, sauf en cas de chronicité ou de risque d'aggravation.

Dépression majeure
1. Définition :
    - La dépression majeure, ou trouble dépressif majeur (TDM), est une forme sévère de dépression avec des symptômes significatifs qui affectent profondément la vie quotidienne, les relations et le fonctionnement professionnel.

2. Critères diagnostiques :
   - Au moins 5 des 9 symptômes de la dépression (tristesse, perte d'intérêt, troubles du sommeil, changement d'appétit, fatigue, etc.), dont au moins un est soit une humeur dépressive, soit une perte d'intérêt/plaisir.
   - Les symptômes doivent persister presque tous les jours pendant au moins deux semaines.
   - Provoque une détresse cliniquement significative ou des altérations importantes du fonctionnement.

3. Impact sur la vie quotidienne :
   - Incapacité à travailler, maintenir des relations, ou s'occuper de soi-même.
   - Risque accru de suicide ou de comportements autodestructeurs.
   - Peut inclure des symptômes somatiques graves (perte de poids, insomnie chronique) ou des pensées récurrentes de mort.

4. Traitement :
   - Combinaison de psychothérapie (TCC, thérapie interpersonnelle, thérapie psychodynamique) et de traitement pharmacologique (antidépresseurs).
   - Parfois recours à des interventions plus intensives, comme la thérapie électroconvulsive (ECT = électrochocs) ou la stimulation magnétique transcrânienne (TMS), dans les cas résistants.

Résumé des différences

Aspect	Dépression mineure	Dépression majeure
Gravité	Légère à modérée	Modérée à sévère
Nombre de symptômes	2 à 4 symptômes	Au moins 5 symptômes
Durée minimale	2 semaines	2 semaines ou plus
Impact	Faible à modéré sur la vie quotidienne	Fortement handicapant sur la vie quotidienne
Traitement	Approches psychologiques et hygiène de vie	Psychothérapie, médicaments, interventions intensives si nécessaire

La dépression mineure est souvent une forme transitoire ou moins sévère de dépression, tandis que la dépression majeure est une condition plus grave nécessitant une attention médicale et thérapeutique immédiate. La reconnaissance et le traitement précoces des deux formes sont essentiels pour éviter une aggravation.

Les risques de récidive d'une dépression sont élevés, particulièrement dans les cas de dépression majeure. Ces risques varient en fonction de plusieurs facteurs, notamment les antécédents, les circonstances personnelles, et la prise en charge du premier épisode. Voici une vue détaillée des principaux éléments concernant les risques de récidive :

Probabilités générales de récidive
1. Après un premier épisode :
    - Environ 50 % des personnes ayant eu un épisode de dépression majeure risquent de récidiver au cours de leur vie.

2. Après deux épisodes :
    - Le risque de récidive augmente à environ 70 %.

3. Après trois épisodes ou plus :
    - Le risque peut atteindre 90 %, ce qui montre une tendance à la chronicité.

Facteurs influençant le risque de récidive
1. Facteurs individuels :
    - Antécédents familiaux : un historique de dépression dans la famille peut augmenter la susceptibilité.
    - Durée et sévérité de l'épisode initial : les épisodes plus longs ou plus graves augmentent le risque.
    - Comorbidités : troubles anxieux, troubles de la personnalité ou consommation de substances augmentent le risque de récidive.

2. Facteurs environnementaux :
    - Stress chronique : problèmes familiaux, financiers, ou professionnels non résolus.

- Manque de soutien social : isolement ou absence de relations significatives.
- Événements traumatiques : pertes, abus ou traumatismes récents.

3. Facteurs liés au traitement :
   - Arrêt prématuré du traitement : ne pas suivre un traitement jusqu'à son terme ou arrêter les médicaments trop tôt peut favoriser une rechute.
   - Absence de suivi psychothérapeutique : un manque de travail sur les causes profondes ou les schémas de pensée négatifs peut augmenter le risque.

Signes annonciateurs de rechute
- Humeur dépressive persistante.
- Perte d'intérêt ou de plaisir dans les activités.
- Fatigue ou irritabilité accrue.
- Troubles du sommeil (insomnie ou hypersomnie).
- Retrait social ou isolement.
- Pensées négatives récurrentes ou pessimisme.

Impact des rechutes
- Chaque épisode récurrent de dépression peut avoir des effets cumulatifs sur le fonctionnement cognitif, émotionnel et physique, rendant la récupération plus difficile.
- Le risque de chronicité augmente après plusieurs épisodes, notamment si les récidives ne sont pas bien gérées.

Prévention des rechutes
1. Traitement à long terme :
    - Maintenir une thérapie ou un suivi médical après un premier épisode, même après une rémission.
    - Antidépresseurs à faible dose en prévention, si recommandé par un médecin.

2. Gestion du stress :
    - Techniques de relaxation (cohérence cardiaque, méditation, hypnose).
    - Réduction des facteurs de stress externes.

3. Hygiène de vie :
    - Exercice physique régulier, alimentation équilibrée, sommeil suffisant.

4. Suivi psychothérapeutique :
    - Travail sur les schémas cognitifs négatifs (TCC).
    - Prévention des croyances limitantes et gestion des émotions.

5. Développement de la résilience :
    - Renforcer les compétences d'adaptation face aux difficultés.
    - Construire un réseau de soutien social.

La dépression est une maladie à haut risque de récidive, mais ce risque peut être considérablement réduit par une prise en charge adaptée, un suivi régulier, et des mesures préventives.

Une vigilance particulière est essentielle, notamment après les premiers épisodes, pour éviter que le trouble devienne chronique.

Le trouble bipolaire est un trouble de l'humeur caractérisé par des fluctuations extrêmes de l'humeur, de l'énergie et du comportement. Les individus atteints de ce trouble alternent généralement entre deux états :
- Manie ou hypomanie (énergie excessive, euphorie, activité accrue),
- Dépression majeure (tristesse profonde, perte d'intérêt, manque d'énergie).

Les types de trouble bipolaire :
1. Trouble bipolaire de type I : c'est le type le plus sévère, avec des épisodes maniaques graves, parfois accompagnés de symptômes psychotiques. Les épisodes dépressifs peuvent aussi être présents, mais ne sont pas nécessaires pour le diagnostic.

2. Trouble bipolaire de type II : le trouble est marqué par des épisodes de dépression majeure et des épisodes d'hypomanie (moins sévère que la manie). Aucun épisode maniaque complet n'est observé.

3. Trouble cyclothymique : caractérisé par des fluctuations d'humeur moins extrêmes que celles observées dans le

trouble bipolaire de type I ou II, mais ces symptômes peuvent durer plusieurs années.

Symptômes :
- Phase maniaque / hypomaniaque :
    o Hyperactivité, agitation, besoin de sommeil réduit,
    o Grande confiance en soi, sentiments de puissance, idées grandioses,
    o Risque accru de comportements impulsifs (dépenses excessives, prise de risques, relations sexuelles non protégées),
    o Parole rapide, pensées accélérées,
    o Irritabilité.
- Phase dépressive :
    o Tristesse persistante, désespoir, sentiment de vide,
    o Perte d'intérêt pour les activités quotidiennes,
    o Fatigue excessive, difficultés à se concentrer,
    o Idées suicidaires,
    o Trouble du sommeil (insomnie ou hypersomnie),
    o Changements d'appétit (perte ou prise de poids).

Origines et causes
Les causes exactes du trouble bipolaire ne sont pas entièrement comprises, mais plusieurs facteurs peuvent contribuer à son apparition :
- Facteurs génétiques : des antécédents familiaux de troubles bipolaires ou de troubles de l'humeur augmentent le risque.

- Facteurs biologiques : des déséquilibres dans la chimie cérébrale, notamment la dopamine et la sérotonine, sont souvent observés chez les personnes atteintes.
- Facteurs environnementaux : le stress, les traumatismes, des événements de vie majeurs (comme un deuil ou une rupture) ou des changements importants dans la vie peuvent déclencher ou exacerber les symptômes.

Conséquences
- Impact sur la vie personnelle et professionnelle : les périodes de manie peuvent conduire à des comportements risqués et à des décisions impulsives, tandis que les épisodes dépressifs peuvent entraîner une incapacité à fonctionner efficacement au travail ou dans les relations personnelles.
- Risque suicidaire : les personnes bipolaires sont particulièrement à risque de suicide, en particulier pendant les épisodes dépressifs.
- Comorbidités : le trouble bipolaire est souvent associé à d'autres troubles, tels que l'anxiété, la dépendance aux substances et des troubles de l'alimentation.

Traitement

Le traitement du trouble bipolaire vise à stabiliser l'humeur et à réduire la fréquence et la gravité des épisodes. Il inclut généralement :

1. Médicaments :
   - Stabilisateurs de l'humeur (comme le lithium) pour prévenir les épisodes maniaques et dépressifs.

- Antipsychotiques pour gérer les symptômes psychotiques associés aux phases maniaques sévères.
- Antidépresseurs (en combinaison avec un stabilisateur de l'humeur) pour traiter les épisodes dépressifs.

2. Psychothérapie :
    - Thérapie cognitivo-comportementale (TCC) : pour aider à gérer les symptômes, comprendre les déclencheurs et apprendre des techniques pour gérer les épisodes.
    - Thérapie interpersonnelle et sociale : pour améliorer la gestion du stress et renforcer les relations sociales.

3. Suivi régulier : la gestion du trouble bipolaire <u>nécessite un suivi psychiatrique continu</u> pour ajuster le traitement et prévenir les rechutes.

L'hypnose peut être utilisée comme un outil complémentaire dans le traitement du trouble bipolaire, mais <u>elle ne doit pas remplacer les traitements médicaux traditionnels</u>.

Que sont les antidépresseurs et les anxiolytiques, leurs intérêts, leur mode d'action et leurs effets secondaires ?

1. Les antidépresseurs

Les antidépresseurs sont des médicaments prescrits pour traiter les troubles dépressifs et parfois les troubles anxieux. Ils agissent en modifiant l'équilibre chimique dans le cerveau, en particulier les neurotransmetteurs comme la sérotonine, la noradrénaline et la dopamine. Ils visent à améliorer l'humeur, le sommeil, l'énergie et la concentration.

Mode d'action

Les antidépresseurs agissent principalement sur les neurotransmetteurs, selon leur classe :

- Inhibiteurs sélectifs de la recapture de la sérotonine (ISRS) : augmentent les niveaux de sérotonine en bloquant sa recapture (ex. fluoxétine, sertraline).
- Inhibiteurs de la recapture de la sérotonine et de la noradrénaline (IRSNa) : augmentent à la fois la sérotonine et la noradrénaline (ex. venlafaxine, duloxétine).
- Antidépresseurs tricycliques : agissent sur plusieurs neurotransmetteurs, mais avec plus d'effets secondaires (ex. amitriptyline).
- Inhibiteurs de la monoamine oxydase (IMAO) : bloquent l'enzyme qui dégrade les neurotransmetteurs, augmentant leur disponibilité (moins utilisés aujourd'hui en raison d'interactions alimentaires et médicamenteuses).
- Antidépresseurs atypiques : comme la mirtazapine ou la bupropion, qui ont des mécanismes spécifiques.

Effets secondaires
- Courants : nausées, maux de tête, troubles du sommeil (insomnie ou somnolence), prise de poids, diminution de la libido, bouche sèche.
- Moins fréquents : agitation, tremblements, vision floue, constipation.
- Syndrome sérotoninergique (rare mais grave) : confusion, agitation, rigidité musculaire, fièvre.

Avantages
- Réduction des symptômes dépressifs sur plusieurs semaines (2-6 semaines pour un effet optimal).
- Utilisation dans les troubles anxieux, le trouble obsessionnel-compulsif (TOC), le SSPT.

2. Les anxiolytiques

Les anxiolytiques sont des médicaments utilisés pour réduire l'anxiété et l'agitation. Ils sont souvent prescrits pour les troubles anxieux, les insomnies ou les crises d'angoisse aiguës. Contrairement aux antidépresseurs, ils agissent rapidement, mais ne sont généralement pas utilisés à long terme en raison de risques de dépendance.

Mode d'action
- Benzodiazépines : (ex. diazépam, lorazépam) augmentent l'activité du GABA (neurotransmetteur inhibiteur), ce qui calme le système nerveux.
- Buspirone : agit sur les récepteurs de la sérotonine, avec un effet anxiolytique sans risque de dépendance.

- Antihistaminiques (certains, comme l'hydroxyzine) : ont des propriétés sédatives et anxiolytiques.

Effets secondaires
- Courants : somnolence, vertiges, troubles de la mémoire ou de la concentration, fatigue.
- Dépendance et tolérance (notamment avec les benzodiazépines) : l'efficacité diminue avec le temps, nécessitant des doses plus élevées.
- Syndrome de sevrage : insomnie, anxiété accrue, agitation, convulsions (si arrêt brutal).

Avantages
- Action rapide (quelques minutes à quelques heures pour les benzodiazépines).
- Utile dans les crises aiguës d'anxiété ou de panique.

Comparaison : antidépresseurs vs anxiolytiques

Aspect	Antidépresseurs	Anxiolytiques
Indication principale	Dépression, troubles anxieux chroniques	Anxiété aiguë, crises d'angoisse
Temps d'action	2-6 semaines pour effet notable	Quelques minutes/heures
Durée d'utilisation	Long terme	Court terme (éviter dépendance)
Dépendance	Rare	Risque élevé (benzodiazépines)

3. Intérêt de ces traitements
- Pour les antidépresseurs : soulager les symptômes dépressifs et anxieux persistants, stabiliser l'humeur.
- Pour les anxiolytiques : gérer les situations de stress aigu ou les crises d'angoisse.

Ces médicaments sont souvent utilisés en combinaison avec des thérapies non-médicamenteuses (thérapies cognitivo-comportementales, hypnose, relaxation) pour adresser les causes sous-jacentes des troubles.
<u>Une prise en charge personnalisée et un suivi médical régulier sont essentiels</u> pour minimiser les effets secondaires et optimiser l'efficacité.

Comprendre les troubles "dys"

Les troubles dits "dys" englobent plusieurs difficultés spécifiques d'apprentissage qui touchent différents domaines cognitifs, notamment la lecture, l'écriture, les mathématiques, la coordination motrice, et le langage. Ces troubles peuvent avoir des origines neurologiques ou génétiques et se manifestent souvent dès l'enfance. Bien que ces troubles soient durables, avec un soutien approprié, il est possible d'apprendre à les compenser.

1. Dyslexie
Symptômes :
- Difficulté à lire et à écrire correctement malgré une intelligence normale.
- Confusion de lettres ou de mots similaires (ex : "b" et "d", "chat" et "tcha").
- Problèmes d'orthographe et lenteur de lecture.

Origines :
La dyslexie est souvent liée à une difficulté dans le traitement phonologique du langage, ce qui empêche la personne de faire des correspondances entre les sons et les lettres.

Traitements :
- Rééducation orthophonique : séances d'orthophonie pour améliorer la lecture et l'écriture, avec des méthodes spécifiques adaptées à la dyslexie.

- Accompagnement scolaire personnalisé : utilisation d'outils numériques, de temps supplémentaire pour les tests, et d'un soutien pédagogique spécifique.
- Dispositifs technologiques : logiciels et outils d'aide (synthèse vocale, correcteurs orthographiques).
- Gestion du stress : techniques de relaxation pour réduire l'anxiété liée aux difficultés scolaires.

2. Dyspraxie

Symptômes :

- Difficulté à effectuer des mouvements coordonnés ou à planifier des actions motrices (ex : s'habiller, utiliser des outils).
- Problèmes de motricité fine (difficulté à écrire, à manipuler des objets).

Origines :
La dyspraxie est souvent causée par des troubles du développement du cerveau qui affectent la planification et l'exécution des mouvements.

Traitements :

- Rééducation motrice : avec un ergothérapeute ou un kinésithérapeute pour améliorer la coordination motrice.
- Adaptations scolaires : utilisation de supports numériques et d'aides pour l'écriture, ainsi que des activités adaptées.
- Activités physiques : exercice physique pour améliorer la coordination et l'équilibre.

- Soutien psychologique : pour gérer la frustration liée aux difficultés motrices.

3. Dysphasie
Symptômes :
- Difficulté à comprendre ou à produire des mots, à organiser des phrases correctement.
- Retard de langage, difficulté à communiquer verbalement.

Origines :
La dysphasie est liée à des troubles du développement du langage, souvent de nature génétique ou neurologique.

Traitements :
- Orthophonie : prise en charge par un orthophoniste pour améliorer la compréhension et l'expression du langage.
- Stratégies éducatives : utilisation de supports visuels pour renforcer la compréhension.
- Soutien psychologique : aide à surmonter la frustration émotionnelle due aux difficultés de communication.

4. Dysorthographie
La dysorthographie est un trouble spécifique de l'apprentissage qui affecte la capacité à écrire correctement, particulièrement en ce qui concerne l'orthographe. Elle ne résulte pas d'un manque d'exposition à la langue écrite, mais plutôt d'une difficulté à appliquer les règles orthographiques de manière systématique.

Symptômes :
- Erreurs fréquentes d'orthographe malgré un apprentissage normal (omissions, inversions, substitutions de lettres ou de syllabes).
- Confusion phonologique : difficulté à associer un son à une lettre (exemple : confondre "m" et "n").
- Erreurs grammaticales : oublis d'accords (pluriel, masculin/féminin) ou confusion dans les conjugaisons.
- Inversions ou transpositions : écrire "alors" au lieu de "arsol".
- Difficulté à utiliser les règles orthographiques même après un apprentissage intensif.
- Écriture lente et laborieuse avec une forte concentration nécessaire pour limiter les fautes.

Origines :
- Neurologiques : la dysorthographie est souvent liée à des anomalies dans le fonctionnement cérébral des zones impliquées dans le traitement du langage écrit.
- Associations fréquentes : elle coexiste souvent avec la dyslexie, car les deux troubles partagent des mécanismes similaires.
- Facteurs génétiques : une prédisposition héréditaire peut être un facteur contributif.
- Facteurs cognitifs : déficits dans la mémoire de travail, l'attention, ou la conscience phonologique.

Traitements et prises en charge :
- Orthophonie :

- - Interventions ciblées pour renforcer la conscience phonologique, le lien son-lettre, et l'application des règles grammaticales.
    - Activités répétitives pour automatiser l'écriture et réduire les erreurs.
- Stratégies éducatives adaptées :
    - Utilisation de logiciels ou outils d'aide (correcteurs orthographiques, dictée vocale).
    - Supports visuels et fiches mémo pour rappeler les règles grammaticales et orthographiques.
    - Travail en classe avec des exercices personnalisés et des attentes adaptées.
- Prise en charge psychologique (si nécessaire) :
    - Aide à gérer la frustration et l'anxiété liée aux difficultés scolaires.
    - Renforcement de l'estime de soi et de la confiance en ses capacités.
- Adaptations pédagogiques :
    - Temps supplémentaire pour les travaux écrits.
    - Évaluations adaptées où l'orthographe est moins pénalisée.

Différences avec d'autres troubles :
- Dyslexie : concerne la lecture (décodage des mots et compréhension). La dysorthographie peut être un symptôme secondaire de la dyslexie.

- **Dyspraxie** : concerne la motricité, mais peut également affecter l'écriture manuscrite en termes de lisibilité (forme des lettres).

5. Dyscalculie

Symptômes :
- Difficulté à comprendre les concepts mathématiques de base.
- Problèmes pour effectuer des calculs simples ou comprendre les relations numériques.

Origines :
La dyscalculie provient de dysfonctionnements cérébraux affectant les processus de traitement des informations mathématiques.

Traitements :
- Rééducation par un orthophoniste spécialisé : travail sur les concepts de base des mathématiques.
- Supports pédagogiques adaptés : utilisation de calculatrices et de logiciels pour faciliter la compréhension des calculs.
- Accompagnement scolaire personnalisé : aide individuelle et ajustements dans l'évaluation des compétences.

6. Dysgraphie

La dysgraphie est un trouble spécifique de l'apprentissage qui affecte la qualité et la fluidité de l'écriture manuscrite. Elle se manifeste par des difficultés motrices et/ou organisationnelles dans le geste graphique, sans être liée à un déficit intellectuel ou sensoriel.

Symptômes :

- Écriture illisible ou peu soignée : lettres mal formées, taille incohérente des caractères, espacements irréguliers.
- Lenteur excessive lors de l'écriture, même pour des tâches simples.
- Fatigue physique : douleur dans la main ou le poignet due à une mauvaise posture ou une préhension excessive.
- Difficultés à organiser l'espace graphique : écriture qui dépasse les lignes ou des marges, mauvais alignement des lettres.
- Incohérences dans la forme des lettres : certaines sont bien formées, d'autres non, dans le même mot.
- Difficulté à copier des textes : erreurs fréquentes ou omissions lorsqu'il s'agit de transcrire des informations.

Origines :
- Neurologiques : la dysgraphie est souvent liée à une immaturité ou un dysfonctionnement dans les zones cérébrales responsables de la motricité fine et de la coordination œil-main.
- Développement moteur : déficits dans la motricité fine, la coordination ou la planification du geste.
- Facteurs psychologiques : anxiété ou manque de confiance peuvent aggraver les difficultés d'écriture.
- Facteurs associés : souvent liée à d'autres troubles comme la dyspraxie, la dyslexie, ou encore le TDAH.

Traitements et prises en charge :
- Graphothérapie (ou rééducation graphique) :

- o Travail avec un graphothérapeute pour améliorer la motricité fine, la posture, et la fluidité du geste.
  - o Exercices spécifiques : tracés, mouvements répétitifs, exercices de coordination œil-main.
- Ergothérapie :
  - o Renforcement des compétences motrices fines et générales.
  - o Utilisation d'outils adaptés (stylo ergonomique, tablette d'écriture).
- Orthophonie :
  - o Si la dysgraphie est associée à des troubles du langage écrit, l'orthophoniste peut intervenir sur la structuration du langage écrit et sa transcription.
- Adaptations pédagogiques :
  - o Autoriser l'utilisation d'outils numériques (ordinateur ou tablette) pour éviter l'écriture manuscrite intensive.
  - o Réduction des attentes en termes de volume écrit ou de temps requis pour les tâches.
  - o Évaluations orales pour pallier les difficultés liées à l'écriture.
- Exercices à domicile :
  - o Jeux et activités qui développent la motricité fine (puzzle, perles, découpage).
  - o Encourager la pratique d'activités artistiques comme le dessin ou la peinture pour renforcer le contrôle du geste.

Différences avec d'autres troubles :
- Dyspraxie : concerne plus largement la planification et l'exécution des gestes moteurs. La dysgraphie peut en être un symptôme spécifique.
- Dysorthographie : liée aux règles orthographiques, non au geste graphique.
- TDAH : la dysgraphie peut être associée à des troubles de l'attention, mais ce n'est pas toujours le cas.

Les troubles "dys" bénéficient souvent d'une prise en charge multidimensionnelle impliquant rééducation spécialisée, adaptations scolaires et soutien psychologique. <u>L'hypnose n'est pas une thérapie primaire pour ces troubles</u>, mais elle peut jouer un rôle important en complément des traitements classiques. Elle peut aider à réduire l'anxiété, à renforcer la confiance en soi, à améliorer la concentration, et à réduire les blocages émotionnels associés aux difficultés rencontrées.

Comprendre le burn-out et le bore-out

Le burn-out est un état d'épuisement physique, émotionnel et mental causé par un stress chronique au travail. Il se caractérise par une sensation de vide, un sentiment de ne plus avoir la capacité de faire face à ses responsabilités professionnelles et un sentiment d'échec. Il résulte souvent de l'accumulation de stress et de la pression constante dans un environnement de travail.

Le burn-out se déclenche généralement par des facteurs liés à l'environnement de travail, notamment :

- Une surcharge de travail : des attentes irréalistes, des délais serrés, des tâches multiples et une charge de travail excessive.
- Un manque de contrôle : ne pas avoir de pouvoir ou de choix sur la manière d'accomplir les tâches, une sensation de ne pas être en mesure de prendre des décisions.
- Un manque de reconnaissance : l'absence de reconnaissance pour l'effort fourni ou l'impact de son travail.
- Des conflits interpersonnels : des relations tendues ou toxiques avec des collègues ou des supérieurs hiérarchiques.
- Des valeurs contradictoires : travailler dans un environnement qui va à l'encontre de ses propres valeurs ou convictions.

Les symptômes peuvent se manifester de manière physique, émotionnelle et comportementale :
- Physiques : fatigue extrême, insomnie, douleurs musculaires, maux de tête, troubles digestifs.
- Émotionnels : sentiment d'épuisement total, perte de motivation, dépression, cynisme et détachement.
- Comportementaux : procrastination, baisse de performance, difficultés de concentration, irritabilité.

Le traitement du burn-out nécessite une approche multidimensionnelle :
- Repos et récupération : le temps de récupération est essentiel pour permettre à la personne de se remettre physiquement et mentalement.
- Réévaluation de la situation professionnelle : un réajustement des tâches, des objectifs et un retour au contrôle dans le travail peuvent être nécessaires.
- Thérapies psychologiques : la thérapie cognitivo-comportementale (TCC) peut aider à modifier les pensées négatives et les croyances limitantes, et à rétablir un équilibre émotionnel.
- Pratiques de gestion du stress : techniques de relaxation, méditation, sport pour gérer le stress et retrouver de l'énergie.

L'hypnose peut être utile dans la gestion du burn-out, en particulier pour réduire le stress, recentrer l'attention, gérer les émotions et améliorer les capacités de récupération.

Le bore-out est l'opposé du burn-out. Il résulte d'un manque de stimulation et d'un ennui constant au travail. La personne concernée se sent sous-utilisée, avec des tâches monotones et peu intéressantes. À long terme, cette situation peut conduire à une forme d'épuisement, car l'absence de défis et de satisfaction au travail entraîne un malaise.

Le bore-out est souvent déclenché par :
- Manque de tâches stimulantes : la personne se trouve dans un travail où ses compétences et capacités ne sont pas sollicitées.
- Répétition des mêmes tâches : l'ennui provient de l'absence de variété dans les tâches à accomplir.
- Manque de reconnaissance ou de responsabilité : il n'y a pas de défi ou de croissance professionnelle.
- Mauvaise gestion des ressources humaines : absence de soutien, d'objectifs clairs ou de développement professionnel.

Les symptômes du bore-out sont similaires à ceux du burn-out, mais ils sont causés par l'ennui plutôt que par le stress :
- Physiques : fatigue chronique, douleurs musculaires dues à la sédentarité, troubles du sommeil.
- Émotionnels : sentiment de vide, frustration, démotivation, apathie.
- Comportementaux : procrastination, absence d'initiative, baisse de performance, dépression.

Le traitement du bore-out nécessite une réévaluation de la situation professionnelle et de la manière de redonner du sens au travail :

- Reprendre du contrôle : redonner des responsabilités, de l'autonomie ou de la variété dans le travail pour stimuler l'intérêt.
- Clarification des objectifs : fixer des buts clairs et des défis réalistes.
- Thérapie ou coaching professionnel : aider la personne à retrouver un objectif, à identifier ses passions et à réengager un sens dans sa vie professionnelle.

L'hypnose peut aider à stimuler l'engagement, réduire l'anxiété et à redonner du sens.

Le burn-out et le bore-out ne résultent pas uniquement de facteurs individuels, mais sont en grande partie liés à des problèmes systémiques au sein de l'environnement de travail ou d'autres aspects du système social dans lequel la personne évolue. Ces troubles nécessitent souvent une réévaluation de la dynamique professionnelle et de la manière dont les individus sont intégrés dans un système de travail global. Voici quelques aspects systémiques à considérer :

1. Problèmes organisationnels
   - Manque de soutien organisationnel : un environnement de travail où les employés sont peu soutenus, mal dirigés ou où

les ressources sont insuffisantes peut favoriser l'apparition de burn-out ou de bore-out. Si l'organisation ne favorise pas le bien-être de ses employés, ne reconnaît pas leurs besoins en matière de développement personnel et professionnel, elle crée des conditions propices à ces troubles.
- Structures hiérarchiques rigides ou floues : une organisation trop hiérarchique, avec une charge de travail excessive et des attentes irréalistes, peut mener au burn-out. À l'inverse, une structure trop décentralisée ou mal définie, où l'employé n'a pas de responsabilité claire ou ne voit pas son rôle dans le grand schéma, peut engendrer un bore-out.

2. Problèmes culturels et sociaux
- Valeurs de l'entreprise : si l'entreprise valorise le rendement à tout prix sans tenir compte de l'équilibre travail-vie personnelle ou de la satisfaction des employés, elle risque de créer un environnement propice au burn-out. À l'inverse, un environnement où il y a trop peu d'attentes ou de défis peut conduire à un bore-out.
- Culture du "toujours plus" : une pression systémique, notamment dans les cultures de performance ou d'hyper-productivité, peut être un terrain fertile pour les troubles liés au stress professionnel comme le burn-out. Dans ces contextes, le sur-engagement et l'absence de pauses sont encouragés.

3. Problèmes de communication et de management
- Manque de communication claire et transparente : si la communication au sein d'une organisation est insuffisante

ou ambiguë, cela peut générer des frustrations et des malentendus, augmentant le stress chez les employés et menant à des troubles comme le burn-out. Dans le cas du bore-out, l'absence de retour sur le travail, d'interactions enrichissantes ou de communication claire sur les objectifs peut également causer de l'ennui.
- Leadership inadapté : les employés qui manquent de reconnaissance, qui ont un manager autoritaire ou qui souffrent de conflits de valeurs avec leur supérieur peuvent être particulièrement vulnérables au burn-out. Les managers doivent être formés pour repérer les signes de stress, encourager un climat de travail équilibré et offrir des opportunités de développement aux employés pour éviter l'épuisement professionnel ou la démotivation.

4. Problèmes d'équilibre travail-vie personnelle
- Pressions extérieures et famille : dans certaines situations, la pression externe, qu'elle soit sociale, familiale ou économique, peut exacerber les effets du travail. Les attentes sociales de productivité et d'efficacité, combinées avec les exigences professionnelles, peuvent intensifier les symptômes du burn-out. Pour le bore-out, l'absence de challenge au travail peut se combiner à des sentiments d'inutilité ou de vide dans la vie personnelle de l'individu.

5. Solutions systémiques
- Révision des conditions de travail : une réévaluation des charges de travail, des responsabilités et de l'organisation du travail est nécessaire pour éviter les troubles comme le

burn-out et le bore-out. Un ajustement systémique dans la répartition des tâches et la gestion du temps peut avoir un impact positif.
- Création d'un environnement de travail équilibré : il est important de favoriser un climat de bien-être au travail, avec des mécanismes d'écoute, de reconnaissance et de soutien. L'accès à des ressources pour gérer le stress et l'implémentation de programmes de développement personnel sont essentiels.
- Encourager une culture d'entreprise positive : les organisations doivent promouvoir une culture de soutien, d'équité et d'équilibre entre vie professionnelle et personnelle. Offrir des opportunités de croissance et de développement personnel peut réduire le risque de bore-out, tandis que la gestion proactive du stress et de la charge de travail peut limiter le risque de burn-out.

Les troubles comme le burn-out et le bore-out ne peuvent pas être vus uniquement comme des problèmes individuels, mais souvent comme des résultats de dysfonctionnements dans l'organisation du travail et la gestion des ressources humaines. Dans ce sens, il est essentiel de remettre en question les facteurs systémiques qui contribuent à leur déclenchement. Pour être pleinement efficaces, les traitements doivent inclure à la fois des solutions individuelles (comme l'hypnose pour la gestion du stress) et des solutions structurelles et organisationnelles qui adressent les causes profondes de ces troubles.

Comprendre les HPI et HPE

Les termes HPI (Haut Potentiel Intellectuel) et HPE (Haut Potentiel Émotionnel) désignent des individus possédant des caractéristiques spécifiques dans les domaines cognitif et émotionnel, respectivement. Ces profils, souvent regroupés sous le terme de "surdouance" ou de "zèbres" dans la culture populaire, sont complexes et multifacettes. Les HPI représentent environ 2 à 3 % de la population, tandis que les HPE *pourraient* concerner un pourcentage beaucoup plus large, potentiellement 15 à 20 % selon certains chercheurs.

HPI (Haut Potentiel Intellectuel)
Définition et spécificités :

- Q.I. élevé : les HPI ont un Q.I. supérieur à 130, mesuré par des tests standardisés tels que le WISC (enfants) ou le WAIS (adultes).
- Pensée en arborescence : leur esprit fonctionne par associations multiples et rapides, ce qui peut entraîner une surcharge cognitive ou des difficultés à prioriser.
- Capacité d'apprentissage accélérée : les HPI apprennent souvent plus rapidement, mémorisent facilement, et comprennent des concepts complexes.
- Hypersensibilité : bien qu'intellectuels, beaucoup de HPI présentent aussi une sensibilité accrue, qui peut être émotionnelle ou sensorielle.
- Recherche de sens : ils ont un besoin prononcé de comprendre leur environnement et peuvent ressentir un

mal-être face à des activités qu'ils jugent dépourvues de sens.

Origines :
Les origines du HPI ne sont pas encore complètement comprises. Il semble y avoir des facteurs :
- Génétiques : certaines prédispositions génétiques influencent le développement cognitif.
- Environnementaux : un environnement stimulant sur le plan intellectuel durant l'enfance peut également jouer un rôle.

Conséquences :
- Avantages : forte créativité, innovation, pensée critique, aptitude à résoudre des problèmes complexes.
- Difficultés : isolement social, ennui, anxiété, perfectionnisme, sentiment d'inadéquation, ou rejet par les pairs.

Traitements ou accompagnement :
- Thérapie cognitive : pour travailler sur l'anxiété, la gestion des émotions, ou les difficultés relationnelles.
- Coaching : apprendre à structurer leurs pensées et gérer leur énergie mentale.
- Groupes de pairs : ils permettent aux HPI de partager leurs expériences et de se sentir compris.

HPE (Haut Potentiel Émotionnel)

Définition et spécificités :

- Empathie exceptionnelle : les HPE ressentent et comprennent profondément les émotions des autres.
- Intuition émotionnelle : une capacité à détecter des émotions subtiles ou non exprimées.
- Sensibilité exacerbée : une réaction amplifiée aux émotions, pouvant entraîner une surcharge émotionnelle.
- Besoin de connexion authentique : les HPE recherchent des relations sincères et profondes.
- Grande adaptabilité émotionnelle : ils s'ajustent rapidement aux contextes émotionnels changeants.

Origines :

Le HPE peut résulter de facteurs similaires à ceux du HPI, notamment :

- Facteurs génétiques : une sensibilité émotionnelle innée.
- Expériences précoces : des interactions émotionnelles riches ou, paradoxalement, des carences affectives ayant affiné leur sensibilité.

Conséquences :

- Avantages : capacité à comprendre les besoins émotionnels des autres, leadership empathique, créativité, et relations profondes.
- Difficultés : fatigue émotionnelle, difficulté à établir des limites, stress, et risque de dépendance affective.

Traitements ou accompagnement :
- Thérapie émotionnelle : identifier et réguler leurs propres émotions.
- Développement personnel : apprendre à établir des limites émotionnelles pour éviter l'épuisement.
- Méditation et pleine conscience : pour mieux gérer leur hyper-réactivité émotionnelle.

L'hypnose peut jouer un rôle bénéfique pour les HPI et HPE en les aidant à mieux gérer leurs particularités.

Le dépistage du Haut Potentiel Intellectuel (HPI) et du Haut Potentiel Émotionnel (HPE) nécessite des évaluations spécifiques, adaptées aux particularités de chaque type de potentiel. Le diagnostic de HPI et HPE permet de mieux comprendre son fonctionnement interne, de mettre en place des stratégies adaptées (environnement éducatif ou professionnel), et d'éviter des confusions avec d'autres troubles (TDAH, anxiété, hypersensibilité, etc.). L'accompagnement par un professionnel formé à ces particularités est essentiel pour garantir une évaluation juste et bienveillante.

Quand faire ces tests ou évaluations ?
1. Chez les enfants :
    - En cas de décalage scolaire (ennui, hypersensibilité, hyperactivité).
    - Si des troubles de comportement ou des difficultés relationnelles apparaissent.

2. Chez les adultes :
    - En cas de mal-être, d'isolement, ou de sentiment d'être différent.
    - Si des difficultés professionnelles ou personnelles persistent malgré les efforts.

Les HPI et HPE ne sont pas des troubles, mais des profils cognitifs et émotionnels spécifiques qui, sans accompagnement adapté, peuvent entraîner des difficultés personnelles ou sociales. Les traitements incluent des thérapies, des stratégies de développement personnel, et parfois l'hypnose comme outil complémentaire pour gérer les défis liés à ces particularités. En se connaissant mieux, les HPI et HPE peuvent transformer leurs singularités en forces pour une vie épanouie.

Comprendre les troubles de l'attention

Les troubles de l'attention, souvent regroupés sous le terme de TDAH (Trouble Déficit de l'Attention avec ou sans Hyperactivité), sont des troubles neurodéveloppementaux affectant principalement la capacité d'attention, d'autorégulation et de gestion des impulsions. Ces troubles peuvent se manifester chez les enfants comme chez les adultes, avec une variabilité dans les symptômes et leur intensité. Chez les enfants, la fréquence est de l'ordre d'environ 5 % dans le monde, chez les adultes, environ 2,5 à 4 % avec des variations régionales et culturelles. Le TDAH est un trouble neurodéveloppemental courant, mais il est souvent sous-diagnostiqué, en particulier chez les adultes et les populations féminines.

Origines des troubles de l'attention
1. Facteurs neurologiques :
    - Déséquilibres chimiques dans le cerveau, notamment liés aux neurotransmetteurs comme la dopamine et la noradrénaline.
    - Développement atypique dans certaines zones cérébrales, en particulier celles impliquées dans l'attention, l'inhibition et la planification (cortex préfrontal).

2. Facteurs génétiques :
    - Forte composante héréditaire : si un parent est atteint, le risque pour l'enfant augmente significativement.

3. Facteurs environnementaux :
    - Exposition prénatale à l'alcool, au tabac ou à d'autres substances.
    - Naissance prématurée ou faible poids à la naissance.
    - Stress ou traumatismes précoces.

Symptômes des troubles de l'attention
Le TDAH est souvent classé en trois sous-types, selon les symptômes prédominants :
1. Inattention (sans hyperactivité) :
    - Difficulté à maintenir l'attention sur une tâche ou une conversation.
    - Propension à oublier des détails ou à perdre des objets nécessaires à l'activité.
    - Manque d'organisation ou d'autodiscipline.

2. Hyperactivité/Impulsivité :
    - Besoin constant de bouger ou de manipuler des objets.
    - Difficulté à rester assis ou calme dans des situations appropriées.
    - Tendance à interrompre les conversations ou à agir sans réfléchir.

3. Combiné :
   - Présence à la fois des symptômes d'inattention et d'hyperactivité/impulsivité.

Conséquences des troubles de l'attention
1. Scolaires et professionnelles :
   - Baisse des performances scolaires/professionnelles en raison d'une difficulté à se concentrer ou à terminer les tâches.
   - Risque accru de décrochage scolaire ou de sous-performance professionnelle.

2. Relationnelles :
   - Difficultés dans les interactions sociales en raison d'une impulsivité ou d'un comportement jugé "envahissant".
   - Risque de conflits familiaux ou amicaux.

3. Psychologiques :
   - Sentiment d'échec ou de frustration.
   - Augmentation du risque de troubles associés comme l'anxiété, la dépression ou les troubles de l'estime de soi.

Traitement des troubles de l'attention
1. Traitements médicamenteux :
   - Stimulants : méthylphénidate (Ritaline) ou amphétamines (Adderall). Ils augmentent la

disponibilité de la dopamine et de la noradrénaline dans le cerveau.
- Non-stimulants : atomoxétine, guanfacine, utilisés lorsque les stimulants ne conviennent pas.

2. Thérapies comportementales et cognitives :
   - Aide à développer des stratégies d'organisation, de planification et de gestion des émotions.
   - Techniques pour réduire les comportements impulsifs.

3. Adaptations scolaires/professionnelles :
   - Création d'un environnement structuré et favorable.
   - Utilisation d'outils comme des listes de tâches ou des rappels visuels.

4. Techniques complémentaires :
   - Activité physique : réduction du stress et amélioration de l'attention.
   - Neurofeedback : technique visant à entraîner le cerveau à réguler son activité.

L'hypnose peut être un outil complémentaire pour favoriser la gestion des émotions ou améliorer la concentration. Cependant, l'hypnose ne remplace pas les traitements classiques comme les médicaments ou les thérapies comportementales.

Comprendre les mythes familiaux

Les mythes familiaux sont des croyances, récits ou représentations partagés par les membres d'une famille, souvent transmis de génération en génération. Ces mythes, bien qu'ils puissent être fondés sur des événements réels, sont souvent embellis, exagérés ou déformés pour servir un rôle particulier au sein de la famille. Ils fonctionnent comme des récits collectifs qui donnent un sens à l'identité familiale, aux rôles des membres, et aux relations interpersonnelles.

Caractéristiques des mythes familiaux
1. Récits symboliques : les mythes sont des histoires ou des idées qui transcendent la réalité brute et deviennent des symboles pour les membres de la famille.
    - Exemple : *"Notre famille a toujours été forte face à l'adversité."*

2. Transmission transgénérationnelle : les mythes sont souvent transmis oralement ou implicitement (par des comportements, des traditions ou des valeurs).
    - Exemple : un grand-parent raconte toujours l'histoire d'un ancêtre qui a triomphé de grandes difficultés.

3. Fonction protectrice ou justificative : ces récits peuvent rassurer, unir, ou justifier certains comportements ou règles dans la famille.

- Exemple : *"Dans notre famille, on ne montre pas ses émotions."*

4. Adaptation ou rigidité : les mythes peuvent évoluer avec le temps ou rester rigides, parfois au détriment de la réalité.

Types de mythes familiaux

1. Mythes de réussite ou de résilience :
   - Ces récits mettent en avant la capacité de la famille à surmonter les obstacles.
   - Exemple : *"Nous sommes une famille de battants. Personne ne nous abat."*

2. Mythes de sacrifice :
   - Ils valorisent le don de soi pour les autres membres de la famille ou pour des valeurs supérieures.
   - Exemple : *"Notre mère a tout sacrifié pour que nous puissions réussir."*

3. Mythes de loyauté :
   - Insistent sur l'unité et la solidarité familiale.
   - Exemple : *"Dans cette famille, on est toujours là les uns pour les autres."*

4. Mythes d'excellence ou d'exception :
   - La famille se perçoit comme différente ou supérieure à d'autres.
   - Exemple : *"Nous sommes des leaders, pas des suiveurs."*

5. Mythes de souffrance ou de tragédie :
   - Soulignent une histoire marquée par des épreuves ou des pertes.
   - Exemple : *"Les femmes de notre famille ont toujours été malheureuses en amour."*

Les mythes familiaux remplissent diverses fonctions dans la dynamique familiale :

1. Construction de l'identité familiale :
   - Ils donnent aux membres un sentiment d'appartenance et d'histoire commune.

2. Transmission des valeurs et normes :
   - Ils servent à enseigner ce qui est valorisé ou interdit dans la famille.
   - Exemple : un mythe sur la réussite professionnelle peut inciter les membres à privilégier leurs carrières.

3. Protection psychologique :
   - Ils permettent de donner un sens aux événements difficiles ou traumatisants.
   - Exemple : transformer un divorce en un récit de "libération" pour mieux l'accepter.

4. Renforcement des rôles :
   - Les mythes peuvent assigner des rôles spécifiques aux membres, parfois de manière implicite.
   - Exemple : *"C'est toi le fort de la famille."*

5. Unité et cohésion :
    - En renforçant les liens autour d'une histoire commune, les mythes maintiennent l'harmonie familiale.

Si les mythes familiaux peuvent avoir des effets positifs, ils peuvent aussi poser des problèmes lorsqu'ils :
- Entravent l'individualité : les membres peuvent se sentir piégés par des attentes irréalistes.
    - Exemple : *"Dans notre famille, personne n'échoue."*
- Masquent la réalité : les mythes peuvent dissimuler des dysfonctionnements ou des traumatismes.
    - Exemple : *"Nous avons toujours été une famille parfaite"*, alors que des abus ou des conflits existent.
- Perpétuent des schémas négatifs : des croyances toxiques peuvent se transmettre et nuire aux générations futures.
    - Exemple : *"Nous sommes une famille maudite."*
- Rigidité excessive : un mythe figé empêche l'évolution des membres et de la famille.
    - Exemple : *"Dans cette famille, on ne parle pas de nos problèmes."*

Comment travailler sur les mythes familiaux ?
1. Prendre conscience des mythes :
    - Identifier les récits récurrents et les messages implicites transmis dans la famille.

2. Analyser leur impact :
   - Évaluer si ces mythes ont un effet positif (cohésion, motivation) ou négatif (pression, souffrance).

3. Déconstruire les mythes rigides :
   - Remettre en question les croyances limitantes et ouvrir des discussions honnêtes.

4. Créer de nouveaux récits :
   - Permettre à chaque membre de contribuer à une nouvelle histoire familiale, plus flexible et inclusive.

5. Consulter un thérapeute :
   - En cas de mythes profondément enracinés ou de conflits autour de ces récits, une thérapie individuelle ou familiale peut être bénéfique.

Les mythes familiaux façonnent l'identité collective de la famille et influencent ses interactions. Ils peuvent être porteurs de sens et d'unité, mais aussi <u>sources de conflits ou de rigidité</u>. Prendre du recul et questionner ces récits permet souvent de mieux comprendre la dynamique familiale et de libérer les membres de croyances limitantes.

Qu'est-ce qu'un pervers narcissique ?

Le terme "pervers narcissique" est souvent utilisé pour décrire une personne présentant des traits de narcissisme pathologique et de manipulation psychologique. Ce n'est pas un diagnostic officiel en psychiatrie (il ne figure pas dans le DSM-5), mais il est souvent associé au trouble de la personnalité narcissique avec des comportements manipulateurs. Ce concept n'est donc pas théorisé en tant que tel dans les cadres psychiatrique ou psychanalytique officiels, mais il est surtout associé à la psychanalyse et à des réflexions postérieures qui articulent narcissisme et perversion. Freud a introduit les concepts fondamentaux de narcissisme et de perversion :

- Narcissisme : Freud en parle dès 1914 dans *"Pour introduire le narcissisme"*, où il décrit le narcissisme comme un état où l'individu investit sa libido principalement sur lui-même.
- Perversion : chez Freud, la perversion désigne initialement des comportements sexuels déviants. Plus tard, il élargit le concept pour inclure des attitudes psychologiques où le plaisir est recherché au détriment d'autrui.

Paul-Claude Racamier est le premier à avoir utilisé le terme "pervers narcissique" dans un cadre théorique. Il était un psychiatre et psychanalyste français spécialisé dans les troubles de la personnalité et les relations familiales.

- Dans ses écrits des années 1980, Racamier décrit la perversion narcissique comme une dynamique relationnelle où une personne utilise la manipulation et l'humiliation

pour nourrir son propre narcissisme tout en détruisant celui des autres.
- Pour lui, le pervers narcissique ne cherche pas seulement à se protéger d'un sentiment de vide intérieur, mais aussi à dominer et vampiriser psychiquement les autres pour maintenir son équilibre psychologique.

Le terme "pervers narcissique" n'est pas utilisé dans les classifications psychiatriques (DSM-5 ou CIM-11). On parle plutôt de trouble de la personnalité narcissique ou de traits psychopathiques. Certains experts considèrent que le terme est trop vague ou réducteur et qu'il sert parfois à pathologiser des comportements qui relèvent de simples conflits relationnels.

Symptômes et comportements d'un pervers narcissique :
1. Manque d'empathie : incapacité ou refus de se mettre à la place des autres.
2. Besoin de contrôle : tendance à dominer et manipuler les autres pour obtenir ce qu'il souhaite.
3. Dévalorisation : critiques fréquentes, humiliations subtiles ou directes pour diminuer la confiance des autres.
4. Charme superficiel : capacité à séduire et à paraître charmant, surtout au début d'une relation.
5. Projection : tendance à accuser les autres de ses propres défauts ou intentions.
6. Double visage : une personnalité aimable et respectable en public, mais destructrice en privé.
7. Culpabilisation : amener la victime à se sentir fautive ou responsable des problèmes.

8. Isolement : cherche à isoler la victime de son entourage pour mieux la contrôler.

Prévalence :
- Les troubles de la personnalité narcissique affectent environ 1 à 6 % de la population selon les études.
- Il est important de noter que toutes les personnes narcissiques ne sont pas manipulatrices ou destructrices.

Le traitement des pervers narcissiques est complexe :
- Conscience du problème : ces personnes consultent rarement, car elles ne se perçoivent pas comme ayant un problème.
- Thérapie individuelle : une psychothérapie peut être bénéfique, notamment une thérapie cognitivo-comportementale (TCC) ou une thérapie psychodynamique, mais cela nécessite une grande motivation.
- Difficulté : les pervers narcissiques résistent souvent au changement, car leurs comportements leur donnent un sentiment de contrôle et de pouvoir.

Pour une victime, il est essentiel de se protéger face à un pervers narcissique. Voici quelques stratégies :

1. Identifier le problème :
- Reconnaître les signes de manipulation et comprendre qu'il s'agit d'un comportement pathologique, et non d'une "faute personnelle".

2. Mettre des limites :
- Apprendre à dire non et à ne pas se laisser culpabiliser.
- Fixer des frontières claires pour limiter les abus.

3. Éviter l'isolement :
- Maintenir des liens avec des amis, des proches ou un groupe de soutien.
- Parler de la situation à des personnes de confiance.

4. Se protéger émotionnellement :
- Éviter les confrontations inutiles qui peuvent aggraver les comportements manipulateurs.
- Développer une forte estime de soi pour réduire l'emprise psychologique.

5. Consulter un professionnel :
- Une thérapie individuelle peut aider la victime à se reconstruire.
- Travailler avec un thérapeute pour surmonter les traumatismes.

6. Envisager la rupture :
- Si la relation est destructrice et qu'aucun changement n'est possible, envisager de s'éloigner ou de rompre est souvent la meilleure option.

Qu'est-ce qu'une personnalité toxique ?

Une personnalité toxique est un terme non-médical utilisé pour décrire une personne dont les comportements, attitudes ou paroles ont un effet négatif sur les autres, que ce soit dans un contexte personnel, professionnel ou social. Ce concept est davantage ancré dans la psychologie populaire que dans les classifications psychiatriques, mais il repose sur des traits et des dynamiques psychologiques bien identifiés.

Une personne est dite "toxique" lorsqu'elle :
- Entraîne du mal-être chez les autres par ses comportements ou sa manière d'interagir.
- Exerce une influence négative sur les relations, que ce soit par la manipulation, le contrôle, la critique ou l'égoïsme.
- Souvent, elle ne se rend pas compte de son impact ou considère ses actions comme justifiées.

Contrairement à des troubles de la personnalité définis (comme le trouble narcissique ou borderline), le terme "toxique" désigne davantage un style relationnel dysfonctionnel qu'un diagnostic clinique.

Une personnalité toxique peut présenter un ou plusieurs des traits suivants :
1. Négativité constante :
- Focalisation sur les problèmes plutôt que sur les solutions.
- Une attitude pessimiste qui épuise les autres.

2. Critique excessive :
- Juge ou rabaisse fréquemment les autres.
- Fait des remarques blessantes déguisées en "blagues".

3. Manipulation :
- Utilise des stratégies comme la culpabilisation, le chantage émotionnel ou la distorsion des faits pour obtenir ce qu'elle veut.
- Peut chercher à semer la discorde ou à diviser les autres.

4. Absence d'empathie :
- Insensibilité aux besoins, émotions ou limites des autres.
- Comportement égoïste ou centré sur soi.

5. Besoin de contrôle :
- Cherche à dominer les relations ou à imposer ses points de vue.
- Peut réagir mal face à l'autonomie ou à la contradiction.

6. Jalousie et compétitivité :
- Dévalorise les succès ou le bonheur des autres.
- Peut saboter les efforts ou les projets des personnes autour d'elle.

7. Victimisation :
- Se positionne en victime dans toutes les situations pour éviter la responsabilité.
- Cherche souvent à susciter la pitié ou l'attention.

Les personnalités toxiques ne sont pas forcément "malveillantes". Elles peuvent avoir développé ces comportements pour diverses raisons, notamment :
- Traumatismes passés : une enfance marquée par des abus, des négligences ou un environnement toxique.
- Insécurité profonde : une faible estime de soi qui les pousse à rabaisser ou à contrôler les autres.
- Troubles de la personnalité : certaines personnalités toxiques peuvent présenter des troubles tels que le trouble de la personnalité narcissique, borderline ou antisociale.
- Absence de régulation émotionnelle : difficulté à gérer leurs émotions, entraînant des comportements impulsifs ou destructeurs.

Comment réagir face à une personnalité toxique ?
1. Reconnaître les signes :
- Identifier les comportements toxiques et comprendre que le problème ne vient pas de vous.

2. Fixer des limites :
- Établir des frontières claires pour protéger votre bien-être.
- Dire "non" sans culpabiliser lorsque leurs comportements empiètent sur votre espace ou vos besoins.

3. Éviter de se laisser entraîner :
- Rester calme et rationnel face à leurs provocations ou manipulations.
- Éviter les confrontations inutiles qui peuvent aggraver les tensions.

4. Prendre de la distance :
- Si la toxicité est trop grande, limiter ou couper les interactions pour préserver votre santé mentale.

5. Consulter un professionnel :
- Si une relation toxique a un impact profond sur votre bien-être, envisager une thérapie pour vous aider à vous reconstruire et à mieux gérer ces situations.

Le changement est possible si la personne :
- Prend conscience de son comportement et de ses impacts négatifs sur les autres.
- Accepte de travailler sur elle-même à travers une thérapie ou un travail personnel. Cependant, cela nécessite un effort sincère et une motivation, ce qui n'est pas toujours le cas.

Une personnalité toxique n'est pas un diagnostic, mais une description de comportements ou d'attitudes qui génèrent de la souffrance autour d'eux. Ces personnes peuvent agir ainsi par insécurité, immaturité émotionnelle ou parfois par malveillance. Face à elles, <u>la priorité est de préserver votre bien-être</u> en posant des limites claires et en prenant, si nécessaire, de la distance.

Le triangle dramatique de Karpman est issu de l'analyse transactionnelle. Il s'agit d'un modèle psychologique qui décrit les jeux de pouvoir et de manipulation dans les relations humaines.

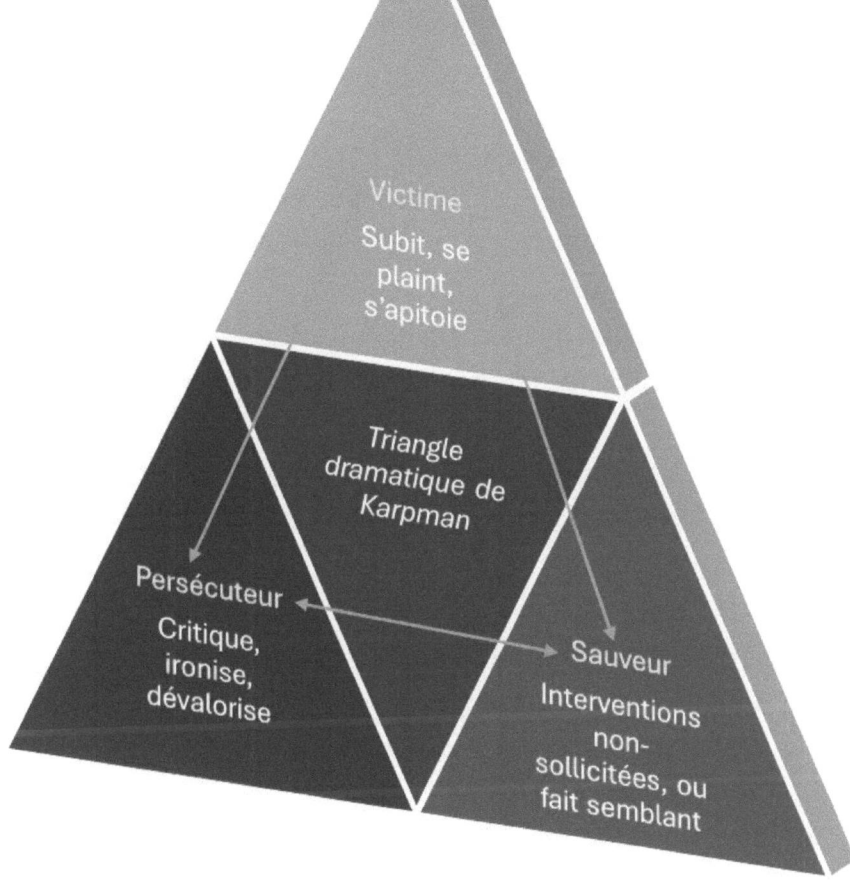

Il met en évidence trois rôles dysfonctionnels dans une dynamique toxique :
1. Le Persécuteur ("C'est de ta faute !")
    - Critique, domine, humilie, met la pression.
    - Peut être agressif ou passif-agressif.
    - Crée de la peur ou de la culpabilité chez l'autre.

2. La Victime ("Pauvre de moi...")
   - Se sent impuissante, incomprise, accablée.
   - Cherche à attirer de la pitié ou à être sauvée.
   - Peut inconsciemment manipuler en jouant sur la culpabilité.

3. Le Sauveur ("Je vais t'aider !")
   - Se sent indispensable, veut "réparer" les autres.
   - Intervient sans qu'on le lui demande, en pensant bien faire.
   - Maintient la Victime dans un état de dépendance au lieu de lui donner des outils pour s'en sortir.

<u>Ces rôles sont interchangeables ! Une personne peut passer de Sauveur à Victime, puis devenir Persécuteur, créant une boucle infernale.</u>

Où retrouve-t-on le triangle de Karpman ?
- Dans les familles : parent surprotecteur (Sauveur) – Enfant dépendant (Victime) – Autre parent autoritaire (Persécuteur).
- Dans le travail : un collègue se plaint de tout (Victime), un autre veut toujours tout régler (Sauveur), un chef tyrannique met la pression (Persécuteur).
- Dans les relations amoureuses et amicales : un partenaire qui se sacrifie (Sauveur), l'autre qui subit sans agir (Victime), puis finit par exploser (Persécuteur).

- Dans la société et les médias : de nombreux récits sont basés sur cette dynamique (opprimés vs oppresseurs, héros qui sauvent la mise...).

Le triangle dramatique est très courant, car il repose sur des comportements profondément ancrés dans nos interactions sociales et nos schémas émotionnels.

Comment en sortir ?

1. Prendre conscience du jeu
   - Identifiez dans quel rôle vous vous placez le plus souvent.
   - Observez comment vous basculez d'un rôle à l'autre selon les situations.

2. Changer d'attitude
   - Sortir du rôle de Victime : prendre sa responsabilité, chercher des solutions au lieu d'attendre qu'un Sauveur vienne régler les problèmes.
   - Sortir du rôle de Persécuteur : apprendre à communiquer sans agressivité, proposer des solutions plutôt que d'accuser.
   - Sortir du rôle de Sauveur : laisser l'autre assumer ses responsabilités au lieu de vouloir tout résoudre à sa place.

3. Adopter un nouveau modèle : le Triangle Gagnant (Triangle de l'Autonomie)
   - Le Créateur (ex-Victime) → Assume sa vie, trouve des solutions.
   - Le Coach (ex-Sauveur) → Encourage et soutient sans infantiliser.

- Le Challenger (ex-Persécuteur) → Pousse à progresser avec bienveillance.

Le triangle de Karpman est un piège relationnel fréquent, mais en développant la conscience de ses propres comportements, on peut le quitter et adopter des relations plus saines. Le secret : responsabilité, autonomie et communication bienveillante !

La psychologie populaire

La psychologie populaire regroupe des concepts largement discutés dans les médias, les livres de développement personnel, les réseaux sociaux, ou encore les conversations du quotidien.
Bien que certains soient basés sur des recherches scientifiques solides, d'autres peuvent être des simplifications, des généralisations ou des interprétations des théories psychologiques.

Pourquoi ces concepts sont-ils si populaires ?
1. Accessibilité : ils offrent des explications simples et intuitives à des phénomènes psychologiques complexes.
2. Identité et validation : <u>ils permettent aux gens de se reconnaître dans des descriptions et de mettre des mots sur leurs expériences.</u>
3. Solutions pratiques : ces concepts s'accompagnent souvent de conseils ou de stratégies pour mieux vivre.

Précautions à prendre :
- Simplification excessive : certains concepts peuvent réduire des réalités complexes à des stéréotypes ou des étiquettes.
- Sources fiables : il est important de distinguer ce qui provient de recherches solides de ce qui relève de la mode ou du marketing.
- Individualisation : ce qui fonctionne pour une personne peut ne pas convenir à une autre.

Voici une liste de concepts courants :

1. Les personnalités toxiques :
Comme vu plus tôt, cela désigne des comportements nuisibles dans les relations.

2. Les empathes :
En psychologie populaire, un empathe désigne une personne qui possède une sensibilité émotionnelle exceptionnelle, au point de ressentir intensément les émotions, les humeurs ou même les souffrances des autres comme si elles étaient les siennes. Ce concept est souvent présenté comme un mélange entre une grande empathie et une capacité quasi-intuitive à capter les énergies émotionnelles des personnes ou des environnements.

Caractéristiques attribuées à un empathe :
- Hyper-sensibilité émotionnelle : les empathes ressentent profondément les joies, les peines ou les tensions autour d'eux.
  Exemple : être bouleversé par une dispute entre deux personnes même si elles ne les concernent pas directement.
- Intuition émotionnelle : ils semblent détecter les émotions des autres, parfois avant même que ces dernières ne soient exprimées.
  Exemple : savoir qu'un ami est triste, même s'il ne l'a pas dit.

- Absorption énergétique : ils se sentent parfois "vidés" après avoir passé du temps avec des personnes en détresse, absorbant leurs énergies négatives.
- Préférence pour la solitude : les empathes ont souvent besoin de temps seuls pour se recharger, car les interactions sociales peuvent les épuiser.
- Connexion profonde à la nature : ils se sentent souvent apaisés dans des environnements naturels, loin du bruit et des tensions humaines.
- Tendance à aider : leur forte empathie les pousse à vouloir aider ou soutenir les autres, parfois au détriment de leurs propres besoins.

Le terme "empathe" a gagné en popularité dans les dernières décennies grâce aux ouvrages de développement personnel, aux discussions spirituelles et aux réseaux sociaux. Bien que le concept ne soit pas strictement issu de la psychologie scientifique, il s'appuie sur des notions liées à l'empathie, à la sensibilité émotionnelle et, parfois, à des croyances spirituelles (comme l'idée d'un "sixième sens").
Les écrivains comme Judith Orloff, psychiatre et auteure de *"The Empath's Survival Guide"*, ont contribué à populariser ce terme en l'explorant sous des angles psychologiques et spirituels.

Différence entre empathie et empathe :
- Empathie : une capacité universelle et normale de comprendre ou de partager les émotions des autres.

- - o Exemple : ressentir de la tristesse pour un ami en deuil.
  - Empathe : une sensibilité émotionnelle considérée comme exceptionnelle, presque "surnaturelle", et qui dépasse les limites de l'empathie ordinaire.
    - o Exemple : ressentir intensément une douleur émotionnelle à proximité d'une personne en détresse, sans que celle-ci ait parlé.

Les défis d'être un empathe :
- Épuisement émotionnel : les empathes peuvent rapidement se sentir submergés par les émotions ou les conflits d'autrui.
- Frontières floues : ils ont parfois du mal à différencier leurs propres émotions de celles des autres.
- Attirance pour les relations déséquilibrées : leur tendance à aider peut les attirer vers des personnes "toxiques", comme des manipulateurs ou des narcissiques.
- Hypervigilance : la constante lecture des émotions autour d'eux peut entraîner de l'anxiété.

Les avantages d'être un empathe :
- Grande capacité d'écoute et de soutien : ils sont souvent des confidents recherchés.
- Créativité : leur sensibilité peut les rendre très inspirés dans des domaines comme l'art, la musique ou l'écriture.
- Harmonie relationnelle : ils cherchent à éviter les conflits et à maintenir des relations positives.

- Capacité à apporter du réconfort : leur intuition leur permet de comprendre ce dont les autres ont besoin émotionnellement.

Bien que le concept d'empathe soit surtout populaire dans les cercles spirituels et de développement personnel, certains aspects de cette description trouvent un écho dans des notions scientifiques comme :
- Les personnalités hautement sensibles (HSP) : concept développé par Elaine Aron, décrivant des personnes particulièrement réactives aux stimuli émotionnels et environnementaux.
- Empathie cognitive et émotionnelle : la capacité à comprendre les émotions des autres (empathie cognitive) et à les ressentir (empathie émotionnelle).

Comment un empathe peut protéger son bien-être ?
- Apprendre à établir des limites : dire "non" ou se retirer lorsque les situations deviennent accablantes.
- Pratiquer l'auto-soin : se réserver du temps pour des activités apaisantes (méditation, promenades dans la nature).
- Éviter les relations déséquilibrées : reconnaître les signes de manipulation ou de dépendance émotionnelle chez autrui.
- Développer des outils de gestion émotionnelle : techniques comme la pleine conscience ou l'ancrage peuvent aider à différencier ses propres émotions de celles des autres.

- Chercher du soutien : la thérapie ou des groupes de soutien pour personnes sensibles peuvent être bénéfiques.

3. L'anxiété sociale :

L'anxiété sociale, également connue sous le nom de phobie sociale, est un trouble largement discuté dans la psychologie populaire. Elle désigne une peur intense et persistante des situations sociales ou de performance, où la personne craint d'être jugée, critiquée, ou embarrassée devant les autres. Bien que ce trouble soit étudié de manière approfondie en psychologie clinique, il a aussi été largement vulgarisé dans les médias, les réseaux sociaux et les ouvrages de développement personnel.

Description populaire de l'anxiété sociale
- Peur des jugements : la personne craint constamment d'être mal perçue, ridicule ou insuffisante dans les interactions sociales.
    - Exemple : *"Je vais dire quelque chose de stupide, et tout le monde va me juger."*
- Évitement des situations sociales : une tendance à éviter des événements, comme des fêtes, des présentations ou même de simples conversations, par peur d'être mal à l'aise ou de faire une erreur.
- Sentiment de gêne ou de panique dans les interactions : les personnes atteintes d'anxiété sociale décrivent souvent des symptômes physiques comme des tremblements, des

rougeurs, une sudation excessive ou des palpitations lorsqu'elles sont confrontées à ces situations.
- Hyperconscience de soi : un sentiment constant d'être observé ou évalué, même lorsque ce n'est pas le cas.

Symptômes courants (dans la vision populaire et clinique) :
- Rougir ou transpirer excessivement en public.
- Avoir des difficultés à établir un contact visuel.
- Se sentir paralysé à l'idée de parler devant un groupe.
- Passer beaucoup de temps à anticiper ou à ruminer des interactions sociales.
- Éviter des activités simples comme commander dans un café ou poser une question en classe.

Origines possibles de l'anxiété sociale (selon la psychologie populaire) :
- Expériences passées : avoir été ridiculisé ou critiqué dans l'enfance ou à l'adolescence.
- Personnalité : être naturellement introverti ou perfectionniste peut exacerber la peur du jugement.
- Facteurs familiaux : grandir dans un environnement où les attentes sociales ou les jugements sont très présents.
- Influence culturelle : les sociétés qui valorisent la performance ou la conformité sociale peuvent accroître les pressions sociales perçues.

Traitement et stratégies populaires pour l'anxiété sociale :
- Thérapie cognitive et comportementale (TCC) : souvent mentionnée comme un moyen efficace de reprogrammer les pensées négatives et de désensibiliser progressivement les peurs sociales.
- Exposition progressive : commencer par des situations sociales peu intimidantes, puis augmenter graduellement la difficulté.
- Respiration et relaxation : techniques de respiration profonde pour calmer les symptômes physiques immédiats.
- Développement des compétences sociales : pratiquer des scénarios sociaux avec des amis ou des groupes de soutien.
- Applications et outils numériques : des applis pour gérer l'anxiété, comme des méditations guidées ou des programmes d'entraînement à la confiance en soi.

Limites du concept :
- Simplification excessive : l'anxiété sociale est parfois réduite à de simples "gênes sociales", ce qui peut minimiser sa gravité pour les personnes atteintes de formes sévères.
- Confusion avec la timidité : bien que liées, la timidité est un trait de personnalité, tandis que l'anxiété sociale est un trouble qui peut nécessiter un traitement.
- Solutions génériques : certains conseils populaires ne tiennent pas compte des nuances individuelles et peuvent être inefficaces ou frustrants pour les personnes concernées.

L'anxiété sociale est un concept qui, bien qu'ancré dans la psychologie clinique, a été largement vulgarisé dans la culture populaire. Cette vulgarisation aide à sensibiliser et à normaliser l'expérience, mais peut parfois entraîner des simplifications ou des généralisations.

4. La loi de l'attraction :
La loi de l'attraction est un concept populaire dans le domaine du développement personnel et de la psychologie populaire, bien qu'elle ne repose pas sur des fondements scientifiques solides. Elle est souvent décrite comme une croyance ou une philosophie selon laquelle les pensées et les émotions d'une personne ont le pouvoir d'attirer des événements ou des expériences similaires dans sa vie. En d'autres termes, selon cette loi, "penser positivement" ou "visualiser ses désirs" attirerait des expériences positives, tandis que se concentrer sur des pensées négatives attirerait des expériences négatives.

La loi de l'attraction a gagné en popularité à la suite de la publication du livre *"Le Secret"* de Rhonda Byrne en 2006, ainsi que du film du même nom. Bien que le concept existe depuis des siècles sous différentes formes (par exemple, dans les philosophies orientales), il a été simplifié et largement diffusé dans la culture populaire à travers les médias, les livres de développement personnel et les conférences.

Principes de base de la loi de l'attraction
- Le pouvoir de la pensée positive : selon cette loi, penser positivement est censé attirer des événements, des personnes et des opportunités positives.
    - Exemple : se concentrer sur des pensées d'abondance et de réussite, attire davantage de succès dans la vie.
- La visualisation : la visualisation des objectifs ou des désirs est un outil central. En imaginant intensément ce que l'on veut, on envoie une sorte de "vibration" ou d'énergie positive qui attire ce que l'on désire.
    - Exemple : visualiser une promotion au travail ou une rencontre amoureuse favorable.
- Les vibrations et énergies : l'idée sous-jacente est que tout dans l'univers est constitué d'énergie, y compris les pensées. Si on maintient une fréquence énergétique positive, on attire des choses positives.
    - Exemple : " émettre " de la gratitude, de l'amour ou de la confiance, attire ces mêmes énergies.
- La loi de l'attraction est basée sur l'univers ou le "champ énergétique" : selon cette loi, l'univers ou un champ énergétique répondrait à nos pensées et émotions, nous apportant ce que nous "émettons".
    - Exemple : se concentrer sur des pensées de manque (comme la peur de manquer d'argent), tu attireras davantage de situations de manque.

Principes associés à la loi de l'attraction
- La gratitude : exprimer de la gratitude pour ce que l'on a, même avant d'obtenir ce que l'on veut, est considéré comme un moyen d'attirer encore plus de choses positives.
    - Exemple : "Merci pour cette promotion qui va bientôt arriver."
- L'intention claire : pour que la loi de l'attraction fonctionne, il est essentiel d'avoir des intentions claires et précises. L'univers réagit aux désirs bien définis.
    - Exemple : ne pas dire simplement "Je veux être riche", mais plutôt "Je souhaite attirer une opportunité professionnelle qui me permettra de gagner 100 000€ par an."
- La foi et la confiance : il est nécessaire de croire pleinement que ce que l'on souhaite est déjà en train d'arriver. La foi et la confiance dans le processus sont considérées comme des éléments cruciaux.
    - Exemple : croire que tu mérites le succès, et agir en conséquence.
- L'action inspirée : bien que la loi de l'attraction soit centrée sur la pensée, l'action inspirée est également importante. Cela signifie prendre des mesures concrètes pour atteindre ses objectifs tout en restant aligné avec ses pensées positives.

Critiques et limites de la loi de l'attraction
- Manque de fondement scientifique : la loi de l'attraction est souvent critiquée pour son absence de preuves

scientifiques. De nombreux psychologues et chercheurs en neurosciences soulignent que l'alignement entre les pensées et les événements extérieurs ne peut pas être prouvé par des études rigoureuses.
- Simplification excessive : certaines personnes peuvent interpréter la loi de l'attraction de manière simpliste et croire que penser positivement suffit pour obtenir ce que l'on veut, ce qui peut entraîner des frustrations ou de la déception lorsque les choses ne se passent pas comme prévu.
    - Exemple : croire que la visualisation seule permettra d'obtenir une promotion sans faire d'efforts réels peut être contre-productif.
- Négligence des facteurs externes : la loi de l'attraction tend à ignorer ou à minimiser l'impact des circonstances extérieures, des privilèges sociaux ou des réalités économiques sur les opportunités d'une personne.
    - Exemple : une personne vivant dans une situation difficile (pauvre, isolée, discriminée) pourrait trouver frustrant de constater que ses pensées positives ne suffisent pas à changer sa situation.
- Responsabilisation excessive de l'individu : certains critiques estiment que la loi de l'attraction place trop de responsabilité sur l'individu, en lui faisant croire que ses pensées négatives ou ses échecs personnels sont les causes de ses malheurs.

- Exemple : faire croire à une personne en deuil que sa souffrance est le résultat de pensées négatives pourrait être jugé comme culpabilisant.

5. La résilience :

La résilience est un concept qui désigne la capacité d'un individu à faire face, à s'adapter et à se remettre des événements traumatiques, stressants ou adverses. C'est un terme souvent utilisé pour décrire la force intérieure d'une personne à surmonter des défis importants et à rebondir après des épreuves.

Le terme "résilience" a ses racines en psychologie et psychopathologie, où il désigne à l'origine la capacité d'un individu à revenir à un état d'équilibre après avoir vécu un traumatisme ou une situation difficile. Mais, au fil du temps, le concept a évolué pour devenir une notion plus large, désormais utilisée pour décrire la capacité à surmonter toutes sortes de difficultés de la vie, qu'elles soient émotionnelles, psychologiques, physiques, ou sociales.

Dans la psychologie populaire, la résilience est souvent vue comme une qualité que tout le monde peut développer, et non seulement comme une caractéristique innée ou rare.

Principes de la résilience dans la psychologie populaire

- Adaptabilité et flexibilité : la résilience n'est pas simplement une question de "rester fort", mais plutôt d'être capable de s'adapter aux circonstances changeantes et de s'ajuster face aux défis. Cela implique souvent de trouver de nouvelles façons de gérer les situations stressantes.

- - Exemple : perdre son emploi peut être perçu comme une épreuve, mais une personne résiliente pourrait rapidement se réorienter vers de nouvelles opportunités, que ce soit en réapprenant une compétence ou en changeant de carrière.
- Optimisme et vision positive : les personnes résilientes ont tendance à maintenir une attitude positive, même dans les moments difficiles. Elles croient souvent que les difficultés sont temporaires et qu'elles peuvent surmonter les obstacles.
  - Exemple : après une rupture, une personne résiliente pourrait voir cette expérience comme une opportunité d'apprendre et de grandir plutôt que comme une fin en soi.
- Capacité à tirer des leçons des épreuves : la résilience implique aussi l'idée que les épreuves peuvent être des occasions de croître. Les personnes résilientes ont souvent la capacité de trouver un sens dans les événements difficiles et d'en tirer des leçons.
  - Exemple : traverser une période de maladie pourrait amener quelqu'un à repenser ses priorités, à améliorer ses habitudes de vie ou à renforcer ses relations.

Soutien social et réseaux de soutien :
- La résilience n'est pas seulement un processus individuel. Elle inclut aussi la capacité à chercher et à accepter l'aide des autres, que ce soient des amis, de la famille ou des professionnels.

- Exemple : une personne traversant un deuil pourrait trouver un soutien précieux dans son entourage ou dans des groupes de soutien, ce qui l'aide à faire face à la situation.

Gérer les émotions de manière constructive : une caractéristique importante de la résilience est la gestion saine des émotions, comme la tristesse, la colère ou la peur. Plutôt que de les réprimer ou de les ignorer, les personnes résilientes apprennent à les accepter et à les utiliser comme des leviers pour avancer.
- Exemple : au lieu de se laisser submerger par la frustration après un échec, une personne résiliente pourrait utiliser cet échec comme un moyen d'identifier les erreurs à corriger.

Les facteurs qui influencent la résilience en psychologie populaire
- Traits de personnalité : certaines personnes ont naturellement une plus grande résilience que d'autres, en partie en raison de leur tempérament ou de leur manière de penser. Par exemple, les personnes optimistes, déterminées et ayant une bonne estime de soi sont souvent perçues comme étant plus résilientes.
- Contexte de vie : le passé et les expériences de vie jouent un rôle majeur dans la résilience. Par exemple, une personne ayant déjà surmonté des difficultés dans le passé pourrait être plus préparée à faire face à de nouveaux défis.
- Soutien social : le rôle du soutien social est crucial dans le processus de résilience. Avoir des amis proches, une famille

- bienveillante ou des mentors peut renforcer la capacité d'une personne à se remettre des épreuves.
- Croyances et valeurs personnelles : les valeurs personnelles, la spiritualité ou la foi peuvent fournir une base solide pour faire face à l'adversité. Par exemple, une personne ayant une forte croyance dans sa capacité à surmonter les difficultés pourrait être plus résiliente.

Dans le cadre de la psychologie populaire, la résilience est souvent présentée comme une qualité positive et inspirante. Voici quelques aspects fréquemment abordés :

- La résilience est accessible à tous : contrairement à des concepts plus complexes de santé mentale, la résilience est souvent décrite comme quelque chose que tout le monde peut développer, peu importe son passé ou ses circonstances.
- Les livres de développement personnel et les coachs de vie suggèrent souvent que chacun peut renforcer sa résilience en changeant ses mentalités, en cultivant des habitudes positives et en apprenant de ses échecs.
- La résilience est parfois vue comme un moyen de "survivre" ou de s'en sortir face aux difficultés. Elle devient un mot-clé dans les discours sur l'adversité, comme une manière de montrer que les gens peuvent se remettre des événements les plus traumatisants.
- Plutôt que de la voir comme une qualité statique, la résilience est souvent dépeinte comme un processus évolutif. Cela signifie qu'une personne peut être résiliente à

certains moments de sa vie, mais moins à d'autres moments, et qu'elle peut toujours apprendre à renforcer cette capacité.
- o Exemple : quelqu'un qui a eu du mal à faire face à une crise dans le passé pourrait, avec le temps, développer de meilleures compétences de gestion émotionnelle et de pensée positive.

Critiques et limitations de la résilience en psychologie populaire
- Simplification excessive : parfois, la résilience est réduite à l'idée qu'il suffit de "penser positivement" pour surmonter n'importe quelle difficulté, ce qui peut négliger les réalités complexes de la souffrance et de la récupération, notamment pour des traumatismes graves comme les abus ou les pertes.
- Pression à être résilient : certains critiques soulignent que l'accent mis sur la résilience peut créer une pression sociale supplémentaire, obligeant les personnes à "aller de l'avant" ou à "être fortes" alors qu'elles traversent des épreuves, sans prendre le temps de guérir à leur propre rythme.
- Manque de reconnaissance des inégalités sociales : la psychologie populaire a tendance à ignorer les facteurs sociaux et structurels qui peuvent influencer la résilience, comme la pauvreté, les discriminations ou l'isolement. La résilience n'est pas seulement une question d'attitude personnelle.

Bien que certaines personnes puissent être naturellement plus résilientes que d'autres en raison de facteurs génétiques ou de leur environnement de développement, la résilience peut également être apprise et cultivée au fil du temps. Voici des stratégies pratiques basées sur la psychologie scientifique pour développer et renforcer sa résilience :

- Renforcer l'estime de soi et l'auto-efficacité :
    - Croire en sa propre capacité à gérer les défis est une composante clé de la résilience. Tu peux renforcer ton estime de soi en te fixant des objectifs réalistes, en célébrant tes réussites, et en pratiquant des affirmations positives.
    - L'auto-efficacité se développe en prenant des initiatives et en réussissant, même dans des situations difficiles. Plus tu parviens à surmonter des obstacles, plus tu renforces cette croyance en ta capacité à faire face à l'adversité.
- Pratiquer la gestion émotionnelle :
    - Apprendre à réguler ses émotions est crucial pour la résilience. Cela inclut des techniques telles que la pleine conscience, la méditation ou la respiration profonde pour mieux contrôler les réactions émotionnelles face au stress.
    - La gestion des émotions te permet de distinguer tes pensées automatiques (souvent négatives) et de les réévaluer de manière constructive, réduisant ainsi la tendance à ruminer et à catastrophiser.
- Développer des relations sociales solides :

- Entretenir des liens sociaux forts avec la famille, les amis ou des collègues est essentiel pour renforcer la résilience. Le soutien émotionnel et pratique que tu peux recevoir de tes proches ou de groupes communautaires te permet de surmonter les périodes difficiles.
- Chercher un soutien psychologique professionnel (psychologues, thérapeutes) peut également être un moyen très efficace de travailler sur sa résilience.

- Rechercher un sens ou une signification dans l'adversité :
  - Trouver un sens à une expérience difficile peut transformer une épreuve traumatique en une opportunité de croissance. Par exemple, une personne confrontée à une maladie grave pourrait voir cette expérience comme une chance d'adopter un mode de vie plus sain et de mieux comprendre ce qui est important pour elle.
  - La réévaluation cognitive des événements stressants permet de réduire leur impact émotionnel négatif et d'y voir des enseignements.
- Maintenir une attitude positive et un optimisme réaliste :
  - Optimisme réaliste ne signifie pas ignorer la réalité des difficultés, mais plutôt maintenir une croyance en ta capacité à résoudre les problèmes. Il est important de se concentrer sur des aspects positifs tout en restant conscient des défis à venir.
  - La gratitude, en se concentrant sur ce que l'on a plutôt que sur ce qui manque, peut améliorer l'état d'esprit et contribuer à renforcer la résilience.

- Faire preuve de flexibilité et d'adaptabilité :
    - La flexibilité cognitive est essentielle pour naviguer dans des situations changeantes. Accepter que tout ne se passe pas toujours comme prévu et s'adapter aux nouvelles réalités est un élément clé de la résilience.
    - L'apprentissage continu permet d'adapter ses stratégies de coping en fonction des circonstances.

6. La charge mentale :

La charge mentale est souvent associée à la gestion invisible de la vie de famille, des obligations sociales et des décisions quotidiennes qui nécessitent une planification et une organisation. Elle se distingue des tâches physiques par le fait qu'elle touche principalement le travail cognitif — la capacité à penser à tout ce qu'il faut faire, à se souvenir des tâches à accomplir, à anticiper les besoins des autres et à organiser les diverses responsabilités.

Le terme "charge mentale" a été popularisé en 1984 par la sociologue et féministe Monique Haicault pour décrire le fardeau invisible que représentent les tâches domestiques et organisationnelles au sein du foyer, en particulier pour les femmes. Elle est cependant de plus en plus vue comme un phénomène qui concerne non seulement les femmes, mais aussi les hommes, en fonction des rôles sociaux et des attentes culturelles liées à la famille et au travail.

Dans la psychologie populaire, la charge mentale est perçue comme la pression invisible et constante qui résulte de la gestion de plusieurs tâches simultanées. Elle ne se limite pas simplement à la réalisation de tâches ménagères ou familiales, mais englobe également la gestion des besoins émotionnels, des relations sociales et des obligations professionnelles.

- La gestion des tâches invisibles :
    - La charge mentale inclut des tâches qui ne sont pas nécessairement visibles, mais qui occupent l'esprit, comme penser à planifier les repas, prendre des rendez-vous médicaux, organiser les vacances, ou encore se souvenir des anniversaires et autres événements importants.
    - Ce travail mental prend souvent une forme de préparation continue, même lorsqu'on est déjà occupé par d'autres responsabilités.
- Anticipation et planification :
    - La charge mentale implique une forte dose d'anticipation. Par exemple, penser à tout ce qu'il faut acheter, organiser, et planifier pour que la vie familiale et professionnelle se déroule sans accroc. Cela peut entraîner une surcharge mentale, car l'individu doit constamment jongler avec des dizaines de choses à penser.
    - Par exemple, une mère de famille peut passer du temps à penser à ce que ses enfants doivent emporter à l'école, à ce qu'elle doit faire pour un événement à venir, et à la gestion de son travail.

- Fatigue cognitive :
    - L'un des effets de la charge mentale est la fatigue cognitive, qui découle du fait que l'individu a constamment besoin de maintenir son attention sur de multiples aspects de sa vie. Cette fatigue est différente de la fatigue physique et peut être plus difficile à repérer, car elle est liée à un épuisement mental.
    - Les personnes portant une charge mentale élevée peuvent se sentir constamment fatiguées, même si elles ne sont pas engagées dans un travail physique particulièrement exigeant.
- Le stress lié à la charge mentale :
    - Le stress est un effet courant de la charge mentale. Le fait de devoir jongler entre plusieurs responsabilités, souvent sans soutien explicite, crée une pression qui peut mener à des troubles émotionnels comme l'anxiété, la frustration ou même la dépression.
    - La surcharge de responsabilités peut nuire à l'équilibre émotionnel, créant des sentiments de déséquilibre, de démotivation et d'épuisement.

Historiquement, dans de nombreuses sociétés, les femmes ont été vues comme les gestionnaires du foyer et les responsables de l'organisation des tâches domestiques. Cela a conduit à une charge mentale souvent disproportionnée chez elles, en raison de la multiplication des rôles qu'elles doivent endosser (mère, employée, compagne, gestionnaire du foyer, etc.).

Les femmes, même lorsqu'elles travaillent à temps plein, peuvent être vues comme responsables des tâches invisibles, comme les courses, la gestion des enfants, et les tâches ménagères quotidiennes.

Cette inégalité dans la répartition de la charge mentale peut entraîner des conflits dans les couples, car le partenaire qui porte une charge mentale plus légère peut ne pas réaliser l'ampleur de ce fardeau invisible.

Cependant, de plus en plus d'hommes prennent conscience de cette charge mentale et essaient de partager plus équitablement les responsabilités domestiques. Cela peut également inclure la reconnaissance de la charge mentale émotionnelle, où les femmes sont souvent celles qui portent le poids émotionnel de la gestion des relations et des sentiments au sein du foyer.

Les symptômes de la charge mentale sont souvent invisibles, mais certains signes peuvent révéler un fardeau cognitif trop lourd :

- Sentiment d'épuisement constant : fatigue prononcée, même sans activité physique, l'épuisement est mental.
- Difficulté à se concentrer : le fait d'avoir trop de choses en tête rend difficile la concentration sur une tâche à la fois.
- Trop de préoccupations : pensées fixées sur ce qu'il faut faire ensuite (rappels de tâches, obligations sociales, familiales ou professionnelles).
- Anxiété ou stress : une préoccupation constante pour tout ce qui doit être fait peut mener à des niveaux de stress élevés, parfois accompagnés de symptômes physiques (maux de tête, tensions musculaires, insomnie).

- Problèmes de sommeil : l'incapacité de "vider" son esprit avant de se coucher peut entraîner des difficultés à s'endormir.

Voici quelques stratégies souvent suggérées pour alléger la charge mentale :
- Externaliser les tâches : confier certaines responsabilités aux autres membres du foyer ou déléguer certaines tâches à des professionnels peut aider à alléger la charge mentale. Par exemple, demander à un partenaire de s'occuper des enfants ou d'effectuer des courses.
- Réorganiser les priorités : une meilleure gestion des priorités peut réduire la surcharge mentale. Cela peut inclure de faire une liste des tâches et de les hiérarchiser pour éviter d'être submergé par des détails non essentiels.
- Prendre des pauses régulières : il est important de prendre du temps pour soi afin de se ressourcer, même si cela signifie déléguer temporairement certaines tâches. Cela peut inclure des moments de relaxation ou des activités qui apaisent l'esprit, comme la méditation.
- Améliorer la communication dans le couple ou en famille : discuter ouvertement avec son partenaire ou les membres de sa famille de la répartition des tâches et de la charge mentale peut conduire à une répartition plus équitable des responsabilités. Cela peut être fait en mettant en place des routines ou des plannings partagés.
- Apprendre à dire non : ne pas accepter chaque demande sociale ou professionnelle qui pourrait venir s'ajouter à une

charge déjà trop lourde est crucial. Apprendre à poser des limites permet de mieux gérer les exigences extérieures.

7. L'intelligence émotionnelle (IE) :
L'intelligence émotionnelle (ou IE) est un concept largement pour décrire la capacité à reconnaître, comprendre, exprimer, et gérer ses propres émotions, ainsi que celles des autres. Ce concept a gagné en popularité grâce à des ouvrages comme *"L'intelligence émotionnelle"* de Daniel Goleman, publié en 1995. Selon la psychologie populaire, cette forme d'intelligence est perçue comme essentielle pour réussir dans la vie personnelle, professionnelle et sociale, car elle permet une gestion plus équilibrée des émotions et améliore les relations interpersonnelles.

Daniel Goleman a identifié cinq grandes compétences liées à l'intelligence émotionnelle, qui sont couramment utilisées dans la psychologie populaire pour aider les individus à mieux comprendre et développer cette forme d'intelligence :
- La conscience de soi (ou auto-conscience) :
  - Cela désigne la capacité à reconnaître et à comprendre ses propres émotions au moment où elles se produisent. Une personne avec une bonne conscience de soi sait pourquoi elle ressent ce qu'elle ressent et peut identifier les déclencheurs émotionnels. Elle comprend également l'impact de ses émotions sur ses comportements, pensées et interactions sociales.
  - Exemple : si quelqu'un se sent frustré après une conversation, la conscience de soi lui permet de

comprendre que cette frustration provient d'une incompréhension et non d'une attaque personnelle.
- La gestion de soi (ou auto-régulation) :
  - Cette compétence consiste à pouvoir contrôler ses émotions, les moduler et les exprimer de manière appropriée, même dans des situations stressantes ou conflictuelles. Les personnes avec une forte gestion de soi peuvent éviter des comportements impulsifs et adopter une attitude plus réfléchie face aux défis.
  - Exemple : lors d'une dispute, au lieu de crier, une personne avec une bonne gestion de soi saura rester calme, prendre du recul et réfléchir avant de réagir.
- La motivation (ou motivation intrinsèque) :
  - L'intelligence émotionnelle inclut aussi la capacité à se motiver soi-même, à persévérer face aux obstacles, et à rester concentré sur des objectifs à long terme, même lorsque l'enthousiasme initial diminue. Cela passe par la passion, la persévérance et l'optimisme.
  - Exemple : une personne qui, malgré plusieurs échecs, continue de travailler dur pour atteindre ses objectifs professionnels ou personnels montre une forte motivation.
- L'empathie :
  - L'empathie est la capacité à comprendre et à ressentir les émotions des autres. Cela implique non seulement de reconnaître les émotions des autres, mais aussi d'y répondre de manière appropriée. L'empathie permet de

créer des relations plus profondes et d'éviter les malentendus.
- o Exemple : si un ami traverse une période difficile, l'empathie permet de comprendre ses sentiments sans jugement, ce qui mène à un soutien plus approprié.
- Les compétences sociales (ou gestion des relations) :
  - o Cette compétence consiste à savoir comment interagir avec les autres de manière efficace et positive, que ce soit dans des situations professionnelles ou personnelles. Cela inclut la communication, la résolution de conflits, et la capacité à travailler en équipe. Les personnes avec des compétences sociales élevées savent gérer les relations de manière harmonieuse et constructive.
  - o Exemple : dans un environnement de travail, quelqu'un qui sait écouter, encourager ses collègues et gérer les désaccords de manière diplomatique montre une forte compétence sociale.

L'intelligence émotionnelle est souvent considérée comme un facteur clé de réussite dans de nombreux domaines de la vie, en particulier en ce qui concerne les relations personnelles, le travail en équipe, et le bien-être émotionnel. Voici pourquoi elle est si importante :

- Amélioration des relations interpersonnelles : une bonne intelligence émotionnelle permet de mieux comprendre les autres, d'établir des connexions profondes et de résoudre les conflits de manière saine. Les personnes émotionnellement intelligentes sont souvent perçues

comme plus sympathiques, ouvertes et capables de gérer les relations de manière constructive.
- Réduction du stress et meilleure gestion des émotions : les individus ayant une forte intelligence émotionnelle sont mieux à même de gérer le stress, de rester calmes sous pression et de ne pas se laisser envahir par des émotions négatives. Ils savent comment ajuster leur humeur et rester concentrés sur les tâches à accomplir.
- Réussite professionnelle : l'intelligence émotionnelle est souvent vue comme tout aussi importante, voire plus importante, que le QI dans la réussite professionnelle. Savoir gérer ses émotions, comprendre celles des autres et travailler efficacement en équipe sont des compétences clés dans le monde du travail. Une étude a montré que 90% des cadres supérieurs ont une intelligence émotionnelle plus élevée que leur QI.
- Leadership efficace : les leaders qui possèdent une forte intelligence émotionnelle sont capables d'inspirer et de motiver leurs équipes, de comprendre leurs besoins et de résoudre les conflits de manière pacifique. Ils sont perçus comme plus authentiques, empathiques et ouverts à la communication.
- Bien-être personnel et psychologique : une bonne gestion des émotions et des relations contribue directement au bien-être. Les personnes émotionnellement intelligentes sont mieux à même de faire face aux difficultés de la vie, d'accepter les critiques constructives et de maintenir une attitude positive, même face aux épreuves.

Il est tout à fait possible de développer son intelligence émotionnelle. Voici quelques suggestions pour améliorer cette compétence :
- Pratique de la pleine conscience :
    - La pleine conscience aide à être plus conscient de ses émotions au moment où elles se produisent. Elle permet de prendre du recul, de mieux les comprendre et de réagir de manière plus réfléchie.
    - Des exercices comme la méditation peuvent aider à mieux comprendre ses émotions et à les gérer de manière plus saine.
- Exprimer ses émotions de manière saine :
    - Apprendre à exprimer ses émotions de manière claire et constructive est essentiel pour développer une bonne gestion émotionnelle. Cela inclut l'assertivité, qui consiste à exprimer ses besoins et sentiments de manière respectueuse sans être agressif ni passif.
- Améliorer ses compétences sociales :
    - Pour mieux interagir avec les autres, il est important de pratiquer des compétences sociales comme l'écoute active, la communication non-violente et la gestion des conflits. Participer à des activités sociales, des groupes de discussion, ou des ateliers sur les relations humaines peut être utile.

- Exercer l'empathie :
    - Il est possible de développer son empathie en prenant le temps d'écouter les autres sans jugement, en cherchant

à comprendre leurs sentiments et leurs perspectives. Cela demande une pratique active et une volonté d'être ouvert aux émotions des autres.
- Apprendre à gérer le stress et l'anxiété :
    - Le stress et l'anxiété sont des émotions fréquentes qui, bien gérées, peuvent améliorer l'intelligence émotionnelle. La gestion du stress par des techniques de relaxation, de respiration ou même du yoga peut aider à garder son calme et à mieux gérer ses émotions.

8. Le gaslighting :
Le gaslighting est un terme qui désigne une forme de manipulation psychologique dans laquelle une personne ou un groupe de personnes cherche à semer des doutes dans l'esprit d'une autre personne, de manière à la rendre incertaine de sa propre perception de la réalité, de ses souvenirs ou de ses jugements. L'objectif du gaslighting est de faire en sorte que la victime commence à douter de sa propre santé mentale et de sa capacité à discerner la vérité, créant ainsi un environnement où elle devient dépendante de l'agresseur pour valider ses perceptions.
Le terme "gaslighting" vient d'une pièce de théâtre anglaise des années 1930, *Gas Light* (adaptée plus tard au cinéma), dans laquelle un mari manipulateur diminue l'intensité des lampes à gaz dans la maison et nie ensuite ces changements, prétendant que sa femme est paranoïaque pour qu'elle doute de sa propre perception de la réalité.
Le gaslighting peut se produire dans diverses relations (romantiques, familiales, amicales, professionnelles), et les

méthodes utilisées par l'agresseur sont souvent subtiles mais efficaces. Voici quelques exemples de stratégies de gaslighting :

- Dénier des faits ou des événements passés :
    - L'agresseur peut nier avoir dit ou fait quelque chose, même si la victime se souvient clairement de la situation. Par exemple, "Je n'ai jamais dit cela" ou "Tu as mal compris."
    - L'agresseur peut aussi déformer des événements pour rendre la victime incertaine de ce qu'elle a réellement vécu.
- Minimiser les émotions ou les perceptions de la victime :
    - L'agresseur minimise ou ridiculise les émotions de la victime, lui faisant croire qu'elle est trop sensible, qu'elle réagit de manière excessive ou qu'elle est irrationnelle.
    - Par exemple : "Tu es trop émotif(ve)", "Tu fais une montagne de rien" ou "Tu te fais des films."
- Manipulation et mensonges répétés :
    - L'agresseur ment constamment, même sur des choses évidentes, afin de semer le doute. Ce mensonge répété pousse la victime à remettre en question sa mémoire et sa compréhension des événements.
    - Par exemple : "Je n'ai jamais dit cela, tu rêves."
- Projection et inversion des rôles :
    - L'agresseur accuse la victime de comportements qu'il adopte lui-même. Par exemple, si l'agresseur est jaloux ou contrôlant, il pourrait accuser la victime d'être possessive.

    - Cela permet à l'agresseur de se déresponsabiliser de ses propres comportements tout en culpabilisant la victime.
- Création de confusion et de dépendance :
    - L'agresseur peut semer de la confusion dans l'esprit de la victime pour qu'elle devienne de plus en plus dépendante de lui pour savoir ce qui est "réel" ou non.
    - Cela peut aussi inclure l'isolement de la victime de ses amis et de sa famille, la privant ainsi de sources externes de validation.

Le gaslighting est extrêmement destructeur pour la victime, car il touche directement à la perception de la réalité et peut créer un état d'incertitude chronique. Les victimes commencent à douter de leur propre jugement et peuvent se retrouver dans une situation où elles ne savent plus qui croire, si ce n'est l'agresseur. Cela peut conduire à des sentiments de dépendance, de confusion, de perte de confiance en soi, et même à des troubles de santé mentale tels que la dépression, l'anxiété, ou des troubles de la personnalité. Certaines des conséquences psychologiques du gaslighting peuvent inclure :

- Perte de confiance en soi : la victime perd progressivement la confiance en ses propres perceptions et pensées.
- Dépendance émotionnelle et psychologique : l'agresseur gagne un pouvoir psychologique considérable sur la victime, qui devient de plus en plus dépendante de lui pour confirmer sa propre réalité.

- Troubles psychologiques : la victime peut développer des symptômes d'anxiété, de dépression, ou des troubles de l'identité.
- Isolement social : l'agresseur peut chercher à isoler la victime de ses proches, renforçant ainsi son pouvoir de manipulation.

Voici quelques signes qui peuvent indiquer que l'on subit du gaslighting :
- Douter constamment de sa propre mémoire ou de sa perception des événements.
- Sentiment de confusion, d'anxiété, ou incertitude dans les ressentis.
- Sentiment de culpabilité.
- Impression de devoir constamment justifier ses émotions ou ses actions.
- Sentiment d'isolement et de déconnexion de sa propre réalité, méfiance envers les autres.

Voici quelques stratégies pour faire face au gaslighting :
- Reconnaître et valider tes émotions : il est essentiel de reconnaître ses propres émotions et perceptions comme légitimes. Si quelque chose semble étrange ou dérangeant, faire confiance à son ressenti.
- Prendre du recul et enregistrer les événements : pour lutter contre la confusion, il peut être utile de noter ce qui se passe. Garder un journal ou des preuves concrètes peut aider à rester ancré dans sa perception des faits.

- Consulter des sources extérieures de soutien : parler à des amis, à la famille ou à un professionnel de la santé mentale peut aider à obtenir une perspective extérieure et valider ses perceptions.
- Fixer des limites claires : si possible, il est important de poser des limites claires et de ne pas laisser l'agresseur manipuler sa perception de la réalité. Refuse d'accepter des mensonges ou des manipulations.
- Chercher de l'aide professionnelle : le gaslighting peut avoir des effets dévastateurs à long terme. Il peut être crucial de consulter un thérapeute ou un conseiller pour aider à reconstruire la confiance en soi et à traiter les conséquences psychologiques de cette manipulation.

9. Le stonewalling :

Le stonewalling est un concept de psychologie relationnelle largement discuté dans la psychologie populaire, particulièrement dans le contexte des conflits de couple ou des relations interpersonnelles.

Le stonewalling, ou "mur de pierre", désigne un comportement où une personne se ferme totalement à la communication ou au dialogue lors d'un conflit ou d'une situation émotionnellement tendue. Elle peut ignorer son interlocuteur, éviter de répondre ou refuser de discuter du problème.

Signes caractéristiques du stonewalling :
- Silence radio : la personne arrête de répondre verbalement, même lorsque l'autre cherche à dialoguer.
- Évitement physique : quitter la pièce, détourner le regard ou trouver une distraction (comme regarder son téléphone).
- Expression fermée : adopter une attitude froide, impassible ou défensive.
- Absence de validation : refuser de reconnaître les sentiments ou les préoccupations de l'autre.

Pourquoi le stonewalling se produit-il ?
- Autoprotection : la personne qui pratique le stonewalling peut se sentir submergée émotionnellement et cherche à se protéger d'une surcharge.
- Stratégie de contrôle : dans certains cas, cela peut être une tentative de manipuler ou de punir l'autre en refusant de répondre.
- Dysfonction dans la communication : une incapacité à gérer les conflits ou à exprimer ses émotions de manière saine.

Impact du stonewalling :
Le stonewalling est considéré comme l'un des "quatre cavaliers de l'apocalypse" relationnels identifiés par John Gottman, célèbre psychologue spécialisé dans les relations de couple. Selon lui, ces comportements (critique, mépris, attitude défensive et stonewalling) sont fortement prédictifs d'une rupture ou d'un mal-être relationnel.

Les effets incluent :
- Un sentiment de rejet ou de mépris chez l'interlocuteur.
- Une escalade du conflit ou une absence de résolution des problèmes.
- Une perte de confiance et de connexion émotionnelle.

Comment y remédier ?
- Identifier et comprendre les émotions :
    - Si vous êtes celui qui pratique le stonewalling, prenez conscience de vos émotions. Ressentez-vous de l'anxiété, de la colère, de l'épuisement ?
    - Si vous êtes victime, essayez de comprendre ce qui pourrait déclencher ce comportement chez l'autre (sans le justifier).
- Faire une pause :
    - Une pause temporaire peut aider à calmer les émotions sans couper définitivement la communication. Exprimez clairement votre besoin : *"Je me sens dépassé, je vais prendre 10 minutes et revenir ensuite pour en parler."*
- Créer un environnement de sécurité émotionnelle :
    - Évitez les attaques personnelles ou les critiques qui pourraient inciter l'autre à se refermer.
    - Utilisez des phrases comme *"Je me sens..."* plutôt que *"Tu fais toujours..."*.
- Travailler la communication :
    - Envisagez une thérapie de couple ou individuelle pour apprendre des techniques de gestion des conflits et renforcer l'écoute active.

10. La procrastination :

La procrastination est le fait de remettre à plus tard des tâches, des actions ou des décisions importantes, souvent au profit d'activités moins urgentes ou plus agréables, même lorsqu'on sait qu'il y aura des conséquences négatives à ne pas agir. Cela peut concerner des tâches quotidiennes, professionnelles, scolaires ou personnelles. En termes simples, la procrastination se produit lorsque nous retardons des actions nécessaires, même si nous avons la capacité de les accomplir, simplement parce que nous préférons les éviter ou les repousser.

Il existe plusieurs raisons pour lesquelles une personne peut procrastiner. Les causes sont souvent complexes et peuvent être liées à des facteurs psychologiques, émotionnels ou comportementaux. Voici quelques causes courantes :

- La peur de l'échec : certaines personnes procrastinent parce qu'elles ont peur de ne pas être à la hauteur, de ne pas réussir ou de commettre une erreur. Cette peur peut les paralyser et les empêcher de commencer une tâche.
- Le perfectionnisme : les personnes perfectionnistes peuvent avoir tendance à procrastiner parce qu'elles veulent que le travail soit parfait, ce qui leur crée une pression. Elles peuvent aussi redouter que le produit final ne soit pas à la hauteur de leurs attentes.
- Le manque de motivation : si la tâche ne semble pas intéressante, importante ou gratifiante, il peut être difficile de trouver la motivation pour la commencer. Le manque d'intérêt pour l'activité en question est une des raisons majeures de la procrastination.

- Le manque de confiance en soi : si une personne doute de ses capacités à accomplir une tâche, elle peut se retrouver dans un état de découragement et de doute, ce qui pousse à repousser indéfiniment l'action.
- L'angoisse liée à l'ampleur de la tâche : une tâche qui semble trop grande ou trop compliquée peut être intimidante. Pour éviter cette sensation d'overwhelm (accablement), on repousse l'accomplissement de cette tâche.
- La mauvaise gestion du temps : ne pas avoir une planification claire, ne pas savoir comment diviser une tâche en petites étapes ou avoir du mal à établir des priorités peuvent mener à la procrastination. La personne peut simplement se retrouver dans l'incapacité de commencer ou de poursuivre une tâche.
- La gratification instantanée : parfois, la procrastination est simplement un choix entre des tâches moins exigeantes et une gratification immédiate. Il est plus agréable de regarder la télévision ou de naviguer sur Internet que de travailler sur une tâche difficile ou ennuyeuse.
- L'anxiété et l'overthinking (rumination) : lorsque l'on pense trop aux aspects négatifs d'une tâche (ce qui pourrait mal se passer, les conséquences, etc.), cela génère de l'anxiété, ce qui peut conduire à éviter la tâche. On rumine l'idée de la tâche à accomplir sans jamais se mettre à la faire.

La procrastination peut avoir des effets négatifs à court, moyen et long terme.

- Stress accru : plus une tâche est repoussée, plus la pression pour la terminer à temps augmente. Cela génère du stress, de l'anxiété, et peut nuire à la santé mentale de la personne.
- Baisse de la productivité et de la performance : lorsque les tâches sont constamment remises à plus tard, la qualité du travail peut se détériorer, car il est fait dans l'urgence et sous pression. Le manque de préparation mène souvent à des résultats moins satisfaisants.
- Frustration et culpabilité : à force de procrastiner, une personne peut commencer à se sentir coupable ou frustrée de ne pas avancer, ce qui peut altérer l'estime de soi et renforcer un cercle vicieux de procrastination.
- Effets sur la santé mentale et physique : le stress constant lié à la procrastination peut entraîner des troubles du sommeil, de l'anxiété, voire des symptômes dépressifs. La procrastination prolongée peut affecter la santé mentale et physique de manière significative.
- Impact sur les relations sociales et professionnelles : la procrastination peut aussi nuire aux relations interpersonnelles, en particulier si elle affecte le respect des délais ou des engagements envers les autres. Les retards ou l'absence d'implication peuvent créer des tensions.

Il existe plusieurs stratégies pour aider à combattre la procrastination et à développer des habitudes plus productives. Voici quelques conseils pour y faire face :

- Diviser les tâches en petites étapes : lorsque la tâche semble trop grande ou écrasante, il est utile de la diviser en petites étapes. Cela rend la tâche plus gérable et moins intimidante, ce qui permet de commencer plus facilement.
- Utiliser la méthode Pomodoro : la méthode Pomodoro consiste à travailler pendant 25 minutes, suivies de 5 minutes de pause. Après quatre sessions de 25 minutes, on prend une pause plus longue (15-30 minutes). Cela permet de rester concentré sans se sentir épuisé.
- Fixer des délais réalistes : donner un délai spécifique pour chaque tâche peut éviter l'indécision et les excuses. Ces délais doivent être réalistes pour ne pas créer trop de pression ou de stress.
- Éliminer les distractions : pour éviter la procrastination, il est utile de réduire les distractions, comme éteindre le téléphone, fermer les applications de réseaux sociaux, ou se créer un environnement de travail propice à la concentration.
- Se récompenser après avoir accompli une tâche : la gratification peut être un moteur puissant. Se donner une petite récompense après avoir complété une tâche (par exemple, regarder un épisode de série, manger un en-cas agréable) peut renforcer la motivation à travailler.

- Pratiquer la pleine conscience et la gestion du stress : si la procrastination est liée à l'anxiété ou à la peur, des techniques comme la pleine conscience, la méditation, ou la respiration profonde peuvent aider à réduire l'anxiété et à mieux se concentrer sur l'instant présent.
- Changer de perspective : parfois, un simple changement de perspective peut aider à surmonter la procrastination. Par exemple, voir une tâche difficile comme un défi plutôt qu'une corvée peut la rendre plus motivante.
- Accepter l'imperfection : accepter que le travail ne soit pas toujours parfait et que le simple fait de commencer et d'avancer est déjà un progrès peut aider à sortir du piège du perfectionnisme et de l'inaction.

La procrastination est un phénomène courant qui touche de nombreuses personnes à un moment ou un autre. Elle peut être causée par diverses raisons psychologiques, émotionnelles et comportementales. Bien qu'elle puisse avoir des conséquences négatives importantes, il existe des stratégies efficaces pour la surmonter. En adoptant des techniques de gestion du temps, en fractionnant les tâches et en apprenant à gérer les distractions et l'anxiété, il est possible de réduire la procrastination et d'améliorer sa productivité et son bien-être.

11. Le burn-out parental :

Le burn-out parental est un état d'épuisement physique, émotionnel et mental profond vécu par certains parents en raison des exigences et des responsabilités liées à l'éducation de leurs enfants. Ce phénomène résulte souvent d'une pression excessive, d'une surcharge émotionnelle ou d'un manque de soutien, conduisant à une perte de motivation et à une déconnexion par rapport à ses propres besoins et à ceux de ses enfants.

Le burn-out parental est souvent perçu comme le résultat d'un déséquilibre entre les efforts fournis pour prendre soin des enfants et les ressources personnelles disponibles, ce qui peut avoir des effets dévastateurs sur la santé mentale et physique des parents. Les causes du burn-out parental peuvent varier d'un individu à l'autre, mais voici les facteurs couramment évoqués dans le cadre de la psychologie populaire :

- La surcharge de responsabilités : les parents, en particulier ceux qui jonglent entre travail, tâches ménagères et responsabilités familiales, peuvent se sentir accablés par la charge mentale de tout gérer. Le besoin constant de répondre aux attentes des autres peut les amener à négliger leurs propres besoins.
- Le manque de soutien : l'absence de réseau de soutien (famille, amis, etc.) ou la solitude dans l'éducation des enfants est un facteur clé du burn-out parental. Si un parent se sent isolé, sans ressources pour partager ses préoccupations ou se reposer, cela peut rapidement conduire à un épuisement émotionnel.

- Les attentes irréalistes ou la pression sociale : de nombreuses personnes subissent une pression sociale ou culturelle qui leur impose des attentes élevées en matière de parentalité, comme être parfaits, tout gérer sans aide, ou répondre aux besoins des enfants de manière constante et parfaite.
- Les problèmes relationnels avec le partenaire : des tensions ou un manque de collaboration dans le couple peuvent aggraver la situation, surtout si les responsabilités parentales sont mal partagées, créant ainsi un sentiment d'injustice ou de déséquilibre.
- L'épuisement physique : les parents qui n'ont pas suffisamment de temps pour se reposer ou s'occuper de leur bien-être physique peuvent se retrouver dans une situation où ils sont constamment fatigués, ce qui alimente la sensation d'épuisement mental.
- Les défis de la parentalité (enfants difficiles, problèmes comportementaux, etc.) : les enfants qui ont des besoins particuliers, des comportements difficiles ou des troubles de développement peuvent demander des efforts et une énergie considérables, augmentant ainsi le stress et la pression sur les parents.

Le burn-out parental se manifeste par une série de symptômes émotionnels, physiques et comportementaux. Voici quelques signes typiques :
- Épuisement physique et émotionnel : le parent se sent constamment fatigué, sans énergie, même après une nuit

de sommeil. Il peut ressentir une perte d'intérêt pour les activités quotidiennes et avoir du mal à se concentrer.
- Irritabilité et frustration : le parent peut devenir plus irritable, facilement frustré, et avoir de la difficulté à gérer les émotions, notamment avec ses enfants. Il peut se sentir dépassé par les petites tâches de la vie quotidienne.
- Sentiment d'impuissance et de culpabilité : le parent peut se sentir incapable de répondre aux besoins de ses enfants ou de gérer la situation de manière satisfaisante, ce qui entraîne un sentiment de culpabilité. Il peut aussi se reprocher de ne pas être un bon parent.
- Détachement émotionnel : le parent peut commencer à se sentir distant, détaché ou déconnecté de ses enfants, comme s'il n'était plus capable d'éprouver de l'amour ou de l'empathie. Cela peut mener à un manque d'engagement émotionnel dans la parentalité.
- Difficulté à prendre des décisions ou à planifier : la capacité à prendre des décisions simples peut être altérée, et il peut devenir difficile de planifier les tâches quotidiennes ou d'organiser la vie familiale.
- Problèmes de sommeil et de santé physique : un parent en burn-out peut souffrir de troubles du sommeil, de douleurs physiques, de maux de tête ou d'autres symptômes liés à l'épuisement.

Les conséquences du burn-out parental peuvent être graves, non seulement pour les parents eux-mêmes, mais aussi pour leurs enfants et leur famille dans son ensemble :

- Sur la santé mentale : le burn-out parental peut entraîner des problèmes de santé mentale, comme la dépression, l'anxiété, des troubles de l'humeur, voire des symptômes de stress post-traumatique si l'épuisement est prolongé et non traité.
- Impact sur la relation parent-enfant : le détachement émotionnel peut affecter la qualité de la relation parent-enfant, entraînant des comportements de rejet ou de négligence. Les enfants peuvent ressentir l'absence d'affection ou de soutien émotionnel.
- Tensions relationnelles : le burn-out peut aussi avoir un impact sur la relation avec le partenaire, engendrant des conflits ou une incompréhension, ce qui peut rendre la situation encore plus difficile à gérer.
- Baisse de l'estime de soi : se sentir épuisé et incapable de répondre aux attentes parentales peut affecter l'estime de soi et créer un sentiment de honte ou de culpabilité chez le parent.

Voici quelques stratégies pour prévenir et gérer le burn-out parental, dans le cadre de la psychologie populaire :
- Demander de l'aide et accepter le soutien : demander de l'aide à des proches, des amis ou à des professionnels de la santé mentale peut alléger la charge mentale et offrir un répit. Il est important de ne pas hésiter à accepter ou rechercher du soutien.
- Prendre du temps pour soi : il est crucial de prendre régulièrement du temps pour soi, même si cela signifie

demander à quelqu'un de garder les enfants pendant un moment. Cela permet de recharger ses batteries et de maintenir un équilibre émotionnel.
- Établir des priorités et déléguer : apprendre à dire non, à prioriser les tâches importantes et à déléguer certaines responsabilités peut réduire le stress et l'épuisement.
- Rechercher des moments de détente : prendre des pauses, pratiquer des techniques de relaxation comme la méditation ou le yoga, ou simplement s'accorder des moments de détente peut réduire le stress et améliorer la résilience émotionnelle.
- Changer de perspective sur la parentalité : accepter que la parentalité n'est pas parfaite et que des erreurs sont normales peut alléger la pression. Se concentrer sur les petits moments positifs plutôt que sur les attentes irréalistes permet de mieux vivre la parentalité.
- Consulter un professionnel : si le burn-out parental devient trop difficile à gérer seul, il est recommandé de consulter un thérapeute ou un psychologue pour travailler sur la gestion du stress et l'équilibre familial.

Le burn-out parental est un phénomène de plus en plus reconnu dans la psychologie populaire, caractérisé par un épuisement général et une perte de motivation dans le cadre de la parentalité. Ce phénomène découle souvent d'une surcharge de responsabilités, du manque de soutien, et de la pression sociale de répondre à des attentes parentales irréalistes. Il peut avoir des conséquences graves sur la santé mentale des parents, mais aussi sur leur relation avec leurs enfants et leur entourage. Il est essentiel de reconnaître les signes de l'épuisement et d'adopter des stratégies de gestion adaptées pour préserver son bien-être et celui de sa famille.

12. Le syndrome de l'imposteur :

Le syndrome de l'imposteur désigne un phénomène psychologique dans lequel une personne, malgré ses réussites objectives, éprouve un sentiment profond de ne pas mériter ses succès. Elle se perçoit comme une "imposteur" ou une "impostrice" qui a trompé son entourage ou les autres sur ses capacités, et craint d'être "découverte". Ce syndrome est souvent accompagné de pensées telles que : "Je ne suis pas aussi compétent(e) qu'on le pense" ou "J'ai eu de la chance, mais je ne suis pas vraiment à la hauteur". Bien que cette expérience soit largement partagée, elle peut être particulièrement handicapante, car elle génère un stress constant et une anxiété sur la manière dont la personne se perçoit elle-même et comment elle pense que les autres la perçoivent.

Les personnes souffrant de ce syndrome peuvent manifester différents symptômes et pensées caractéristiques :

- Doute constant sur ses compétences : malgré des réussites ou des compétences évidentes, la personne se sent régulièrement incompétente et ne croit pas mériter ses accomplissements.
- Attribution externe du succès : la personne attribue ses réussites à des facteurs externes tels que la chance, le hasard ou l'aide d'autres personnes, et non à ses propres capacités.

- Peur d'être "découverte" : un sentiment de crainte persiste que les autres découvrent qu'elle ne mérite pas réellement sa position ou son succès, ce qui provoque un stress constant.
- Perfectionnisme : les personnes atteintes du syndrome de l'imposteur sont souvent perfectionnistes, cherchant à atteindre des normes irréalistes pour prouver leur valeur, ce qui renforce leur sentiment de ne jamais être "assez bonnes".
- Surcompensation : certaines personnes essaient de compenser leurs "défaillances" perçues en travaillant de manière excessive ou en cherchant à prouver qu'elles sont à la hauteur, ce qui peut mener à l'épuisement.
- Manque de reconnaissance personnelle : malgré les éloges ou la reconnaissance extérieure, ces individus ont du mal à accepter ces compliments et à les considérer comme légitimes.

Plusieurs facteurs peuvent contribuer à l'émergence du syndrome de l'imposteur.
- L'éducation et l'enfance : des parents ou des éducateurs très exigeants, ou au contraire, un manque de reconnaissance des réussites de l'enfant, peuvent influencer cette perception de soi. Un environnement où l'enfant est toujours comparé à d'autres peut renforcer le sentiment de ne pas être "suffisamment bon".
- Le perfectionnisme : les individus ayant des attentes excessivement élevées pour eux-mêmes peuvent être plus

enclins à développer ce syndrome. Ils ont souvent du mal à accepter les erreurs ou à célébrer leurs réussites.
- Les expériences de réussite non-intégrées : si les personnes n'ont pas appris à valoriser et à reconnaître leurs propres réussites, elles peuvent les attribuer à des facteurs externes et se sentir comme des imposteurs.
- Les environnements compétitifs : les contextes où la compétition est forte (comme certains environnements de travail ou universitaires) peuvent renforcer le sentiment que l'on n'est jamais "assez bon", même en cas de succès.
- Les différences culturelles et de genre : certaines recherches suggèrent que les femmes et les minorités peuvent être plus susceptibles de ressentir ce syndrome, en raison de facteurs liés à la discrimination ou aux stéréotypes sociaux. Ces individus peuvent ressentir que leurs réussites ne sont pas reconnues à leur juste valeur.

Le syndrome de l'imposteur peut avoir des répercussions importantes sur le bien-être psychologique et professionnel d'un individu :
- Anxiété et stress : le stress constant de "ne pas être à la hauteur" et la peur d'être découvert comme un imposteur peuvent générer une anxiété chronique et une pression émotionnelle.
- Baisse de la confiance en soi : la personne ne croit pas en ses capacités, ce qui peut affecter son estime de soi et sa capacité à s'affirmer, à prendre des décisions ou à se montrer en confiance.

- Épuisement professionnel : la surcompensation et le perfectionnisme peuvent conduire à un épuisement professionnel, car l'individu se surmène pour prouver sa valeur et éviter d'être découvert comme "incompétent".
- Procrastination et évitement : la peur de l'échec ou de l'incompétence peut entraîner de la procrastination, car la personne peut éviter de commencer des projets ou des tâches par crainte de ne pas les réussir à la hauteur des attentes.
- Relation difficile avec la réussite : les réussites professionnelles ou personnelles ne sont pas célébrées, car elles sont attribuées à des facteurs externes, ce qui empêche l'individu de se sentir réellement satisfait de ses accomplissements.

Voici quelques stratégies couramment recommandées pour lutter contre ce syndrome et apprendre à mieux se percevoir :

- Reconnaitre et accepter ses réussites : il est essentiel de commencer à reconnaître et à accepter ses accomplissements. Cela implique de prendre du recul pour voir ses réussites de manière objective, et d'accepter que les efforts et compétences personnelles ont contribué à ces succès.
- Changer la perspective sur l'échec : l'échec fait partie du processus d'apprentissage. Apprendre à accepter ses erreurs comme une étape normale de la croissance personnelle permet de réduire la peur de l'échec et de mieux gérer les attentes.

- Parler de ses sentiments avec un mentor ou un thérapeute : discuter du syndrome de l'imposteur avec un mentor, un coach ou un thérapeute peut aider à déconstruire les croyances irrationnelles et à remettre en question les pensées négatives. Exprimer ses préoccupations aide à normaliser le phénomène.
- Célébrer les petites victoires : il est important d'apprendre à célébrer ses petites réussites et de se donner du crédit pour les efforts fournis. Cela renforce la confiance en soi et aide à intégrer les réussites.
- Prendre conscience des pensées négatives : être attentif aux pensées négatives qui sous-tendent le syndrome de l'imposteur permet de les remettre en question. En identifiant les pensées comme "je ne suis pas assez bon(ne)" ou "je ne mérite pas ce succès", on peut les remplacer par des pensées plus réalistes.
- Pratiquer l'auto-compassion : il est crucial d'apprendre à être bienveillant envers soi-même, à se pardonner ses erreurs et à se traiter avec la même gentillesse que l'on offrirait à un ami proche dans une situation similaire.

13. Le syndrome du perfectionniste :
Le syndrome du perfectionniste fait référence à un ensemble de comportements et de pensées caractérisés par une exigence excessive de perfection dans tous les aspects de la vie. Une personne qui souffre de ce syndrome a souvent des attentes irréalistes concernant elle-même et les autres, et un besoin

constant de réussir de manière impeccable, sans faute. Le perfectionniste se critique durement lorsqu'il ne répond pas à ses propres critères élevés et peut éprouver une peur intense de l'échec.

Bien que viser l'excellence soit généralement perçu positivement, le perfectionnisme devient problématique lorsque les standards sont trop élevés, ce qui peut provoquer du stress, de l'anxiété, de l'épuisement, voire des troubles mentaux comme la dépression. Les personnes perfectionnistes ont tendance à manifester plusieurs comportements et traits psychologiques spécifiques :

- Fixation sur la perfection : les perfectionnistes ont des attentes extrêmement élevées envers eux-mêmes et les autres. Ils cherchent à accomplir des tâches de manière parfaite, souvent au détriment de l'efficacité ou de la qualité de vie.
- Critique sévère de soi-même : lorsqu'ils ne réussissent pas à atteindre leurs objectifs idéalisés, ils se critiquent durement et ressentent un fort sentiment de honte ou d'échec. Les imperfections sont vues comme des signes de faiblesse ou d'incompétence.
- Procrastination : paradoxalement, le perfectionniste peut procrastiner, car la peur de ne pas faire les choses parfaitement l'empêche de commencer une tâche. Cette paralysie par la perfection est un moyen de fuir l'éventualité de l'échec.
- Exigence élevée envers les autres : les perfectionnistes ont souvent des attentes irréalistes envers les autres, en

particulier dans les contextes professionnels ou familiaux. Cela peut entraîner des conflits et des relations tendues.
- Peur de l'échec et du jugement : la peur de l'échec et le désir d'éviter la critique sont omniprésents. Une petite erreur peut être perçue comme un échec majeur, et le perfectionniste peut avoir une crainte constante d'être jugé négativement par les autres.
- Manque de satisfaction : même après avoir accompli quelque chose de remarquable, le perfectionniste peut avoir du mal à en tirer de la satisfaction, car il considère qu'il aurait pu faire mieux ou qu'il n'a pas encore atteint son objectif final.
- Répétition et sur-engagement : afin d'atteindre la perfection, les perfectionnistes peuvent réécrire, retravailler ou modifier continuellement leurs projets, même si le travail est déjà satisfaisant. Cela peut entraîner des heures supplémentaires et un épuisement.

Le perfectionnisme est un phénomène complexe qui peut avoir plusieurs origines. Voici quelques causes fréquemment citées dans les recherches et dans la psychologie populaire :
- L'éducation et les attentes familiales : les parents perfectionnistes ou très exigeants peuvent inciter leurs enfants à adopter des standards élevés. L'enfant peut alors intégrer ces attentes et développer une forte pression pour être parfait. Par exemple, des parents qui mettent l'accent sur les résultats scolaires ou qui comparent fréquemment

l'enfant à d'autres peuvent encourager un perfectionnisme malsain.
- Les expériences de réussite et d'échec : les premières expériences de réussite obtenues grâce à des efforts exceptionnels peuvent renforcer le perfectionnisme. Inversement, les échecs ou les critiques excessives dans l'enfance peuvent aussi inciter une personne à chercher à tout prix à être parfaite pour éviter l'humiliation.
- Les normes sociales et culturelles : dans certaines cultures, notamment dans des environnements de travail très compétitifs ou dans des sociétés valorisant l'apparence et la réussite, il peut y avoir une pression constante à atteindre la perfection. Cette pression sociale amplifie souvent le perfectionnisme individuel.
- Personnalité et traits psychologiques : certaines personnes, par nature, sont plus enclines au perfectionnisme en raison de leur tempérament, de leur besoin de contrôle ou de leur tendance à l'anxiété. Les personnes qui ont une faible tolérance à l'incertitude peuvent être plus sujettes au perfectionnisme.
- L'influence des médias et des réseaux sociaux : les standards irréalistes véhiculés par les médias, la publicité, et plus récemment, les réseaux sociaux, où les gens partagent souvent une version idéalisée de leur vie, peuvent renforcer la pression à être "parfait" et à vivre selon des critères inaccessibles.

Le perfectionnisme peut avoir de nombreuses conséquences négatives sur la vie personnelle, professionnelle et émotionnelle des individus :

- Anxiété et stress : la quête constante de la perfection génère un stress intense, car le perfectionniste se sent toujours sous pression pour accomplir des choses irréalistes. Cela peut également provoquer des troubles anxieux et des crises de panique.
- Épuisement professionnel (burn-out) : l'incapacité à déléguer et le surinvestissement dans des tâches peut conduire à l'épuisement mental et physique. Le perfectionniste travaille souvent au-delà de ses capacités, ce qui peut entraîner un épuisement professionnel.
- Difficultés relationnelles : les attentes irréalistes envers les autres, ainsi que les critiques excessives, peuvent entraîner des conflits dans les relations personnelles et professionnelles. Cela peut mener à des tensions, des incompréhensions, voire des ruptures de liens.
- Problèmes de santé mentale : le perfectionnisme est souvent lié à des troubles tels que la dépression, les troubles obsessionnels compulsifs (TOC), ou des troubles alimentaires comme l'anorexie ou la boulimie. La pression constante pour atteindre des standards irréalistes peut sérieusement affecter la santé mentale.
- Procrastination et insatisfaction : le perfectionniste, en cherchant à faire les choses parfaitement, peut éviter de commencer un projet par peur de l'échec. Même lorsqu'il

accomplit quelque chose, il n'en retire que peu de satisfaction, car il estime que ce n'est jamais assez bien.

Surmonter le perfectionnisme demande de prendre du recul par rapport aux standards irréalistes et de développer une approche plus saine de soi-même et du monde. Voici quelques pistes pour y parvenir :

- Reconnaître et accepter l'imperfection : accepter que la perfection n'existe pas et que les erreurs font partie intégrante du processus d'apprentissage est crucial. Comprendre que personne n'est parfait permet de relâcher une pression excessive.
- Fixer des objectifs réalistes : apprendre à se fixer des objectifs atteignables et à reconnaître les limites de ce qui peut être accompli dans un temps donné permet de réduire la pression. Il est essentiel de différencier les tâches urgentes ou importantes de celles qui ne nécessitent pas un effort extrême.
- Changer de perspective : l'idée que l'échec est une opportunité d'apprentissage peut aider à changer la manière dont on perçoit les erreurs. Plutôt que de les voir comme une source de honte, elles peuvent être considérées comme des étapes pour progresser.
- Pratiquer l'auto-compassion : il est important de faire preuve de bienveillance envers soi-même. L'auto-compassion aide à se traiter avec la même douceur et compréhension que l'on offrirait à un ami.

- Faire une pause et déléguer : apprendre à déléguer des tâches ou à prendre des pauses pour éviter le surmenage est essentiel. Le perfectionniste doit reconnaître qu'il n'a pas besoin de tout faire seul et qu'il est normal de demander de l'aide.
- Thérapie et soutien psychologique : la thérapie cognitive-comportementale (TCC) est particulièrement efficace pour aider les perfectionnistes à changer leurs pensées irrationnelles et à adopter des comportements plus sains. Un thérapeute peut aider à déconstruire les croyances perfectionnistes.

14. Les troubles du spectre autistique (TSA)

Les troubles du spectre autistique (TSA) regroupent un ensemble de troubles neurodéveloppementaux qui affectent le développement cérébral. Ils se manifestent principalement dans deux domaines :

- Altérations dans la communication sociale et les interactions.
- Présence de comportements et d'intérêts restreints ou répétitifs.

Le terme "spectre" est utilisé parce que les manifestations de l'autisme varient fortement d'une personne à l'autre. Certains individus peuvent avoir des besoins de soutien importants, tandis que d'autres sont très autonomes.

Manifestations cliniques des TSA
- Difficultés dans la communication sociale
  - Chez les enfants en bas âge :
    - Peu ou pas de babillage.
    - Retard ou absence de langage.
    - Difficulté à imiter les gestes ou expressions des autres.
    - Manque de réponse au prénom ou d'intérêt pour les interactions sociales.
  - Chez les enfants plus âgés et les adultes :
    - Problèmes pour comprendre les sous-entendus, le sarcasme ou les blagues.
    - Difficultés à initier ou maintenir des conversations.
    - Faible compréhension des normes sociales, comme respecter l'espace personnel.
    - Langage parfois très formel, avec un vocabulaire riche mais utilisé hors contexte.
- Comportements restreints et répétitifs
  - Répétition de mouvements (stéréotypies) : se balancer, battre des mains, tourner en rond.
  - Intérêts spécifiques, souvent intenses, comme les horaires de train, les dinosaures ou les chiffres.
  - Attachement rigide à des routines ou des rituels.
  - Sensibilité inhabituelle aux stimuli :
    - Hypersensibilité : gêné par des bruits forts, des lumières vives ou des textures de vêtements.

- ➢ Hyposensibilité : recherche de sensations fortes, comme appuyer fort sur des objets ou se cogner intentionnellement.
- Autres signes possibles
  - Troubles du sommeil.
  - Anxiété, parfois exacerbée par les changements imprévus.
  - Difficultés motrices (coordination, écriture).
  - Développement inégal des compétences : un enfant peut exceller dans un domaine (comme la mémoire ou le calcul) tout en ayant des lacunes importantes dans d'autres.

Causes des TSA

Les TSA sont des troubles multifactoriels, avec des origines variées.
- Facteurs génétiques
  - Plusieurs gènes ont été identifiés comme jouant un rôle dans l'autisme.
  - Une forte composante héréditaire : les frères et sœurs d'enfants autistes ont un risque accru.
- Facteurs prénatals et périnataux
  - Exposition prénatale à des infections, médicaments ou substances toxiques.
  - Complications à la naissance, comme l'hypoxie (manque d'oxygène).
- Facteurs neurologiques

- Les études montrent des différences dans la connectivité cérébrale, notamment dans les zones impliquées dans la communication et la perception sociale.

À noter : les recherches ont clairement établi qu'il n'y a aucun lien entre la vaccination et les TSA.

Diagnostic des TSA

Le diagnostic repose sur des observations comportementales, souvent complétées par des questionnaires et des tests.

- Observation des parents ou éducateurs :
  - Retard dans le langage ou comportements inhabituels détectés dès l'enfance.
- Évaluation clinique :
  - Entretien avec un pédiatre ou un psychiatre spécialisé.
  - Tests comportementaux spécifiques (exemple : IADOS-2 ou ADI-R).
- Exclusion d'autres troubles :
  - Tests auditifs pour éliminer une surdité.
  - Examen neurologique pour écarter d'autres troubles cérébraux.
- Les signes apparaissent généralement avant 3 ans, mais certains diagnostics sont posés plus tard, surtout pour les formes légères.

Accompagnement et prise en charge des TSA

- Thérapies comportementales et éducatives

- ABA (Applied Behavior Analysis) :
  - ➢ Développe des compétences sociales, de communication et d'autonomie.
  - ➢ Basée sur le renforcement positif.
- TEACCH (Treatment and Education of Autistic and related Communication handicapped CHildren) :
  - ➢ Méthode éducative adaptée aux besoins des enfants autistes.
- Approche Denver (Early Start Denver Model) :
  - ➢ Favorise le développement des compétences sociales par le jeu.
- Soutien en communication
  - Outils de communication alternative (tablettes, pictogrammes, langage des signes).
- Accompagnement sensoriel
  - Intégration sensorielle pour aider à gérer les hypersensibilités ou hyposensibilités.
- Soutien familial
  - Formation des parents pour mieux comprendre et répondre aux besoins de leur enfant.
  - Groupes de soutien pour partager des expériences.

Inclusion et sensibilisation
- Importance de l'inclusion scolaire et professionnelle
  - Les enfants autistes peuvent souvent suivre une scolarité classique avec des aménagements.

- - Les adultes autistes peuvent exceller dans des emplois adaptés à leurs forces spécifiques (comme l'attention aux détails).
  - Sensibilisation de la société
    - Lutter contre les stéréotypes.
    - Encourager une compréhension des besoins et des capacités des personnes autistes.

Forces souvent observées chez les personnes autistes
- Capacités exceptionnelles
  - Mémoire visuelle ou auditive impressionnante.
  - Compétences remarquables dans des domaines comme les mathématiques, la musique ou l'art.
- Persévérance
  - Détermination à approfondir un domaine d'intérêt.
- Perspective unique
  - Approche innovante ou originale des problèmes.

L'hypnose peut être utile pour accompagner les personnes avec des troubles du spectre autistique (TSA), mais son utilisation nécessite des adaptations spécifiques et une compréhension approfondie des besoins et des particularités de chaque individu.

1. Les objectifs possibles de l'hypnose pour les TSA
A. Réduction de l'anxiété et du stress
- Les personnes avec TSA sont souvent sujettes à une anxiété élevée en raison des changements dans leur routine, des surcharges sensorielles ou des difficultés sociales.

- L'hypnose peut aider à créer un état de relaxation profonde et à diminuer les réponses anxiogènes face à des situations spécifiques.

B. Gestion des hypersensibilités sensorielles
- L'hypnose peut être utilisée pour moduler la perception sensorielle (par exemple, réduire l'inconfort lié aux bruits forts ou aux textures désagréables).
- Elle aide à développer des ancrages pour mieux tolérer les stimuli sensoriels.

C. Développement des compétences sociales et émotionnelles
- L'hypnose peut encourager une meilleure compréhension des émotions et des interactions sociales en travaillant sur des visualisations positives et des scénarios guidés.
- Elle peut renforcer l'estime de soi et la confiance dans les situations sociales.

D. Aide à la gestion des comportements répétitifs ou des routines rigides
- Elle peut aider à réduire les compulsions liées aux routines tout en favorisant une flexibilité cognitive.

E. Amélioration du sommeil
- Les troubles du sommeil sont fréquents chez les personnes autistes. L'hypnose peut faciliter l'endormissement et favoriser un sommeil plus réparateur.

2. Approches spécifiques pour les TSA
A. Adapter la méthode d'hypnose
   1. Approche indirecte (hypnose ericksonienne) :
      - L'approche permissive et imagée de l'hypnose ericksonienne convient bien, car elle s'adapte au langage et à l'univers de la personne.
   2. Utilisation de métaphores :
      - Les personnes autistes, en particulier celles qui aiment les détails, peuvent être sensibles à des métaphores liées à leurs centres d'intérêt (par exemple, utiliser des trains pour parler de la gestion des émotions).
   3. Visualisations concrètes :
      - Les suggestions doivent être claires, concrètes et adaptées à la manière de penser de la personne.
   4. Répétition et structure :
      - Offrir des sessions structurées et répétées peut aider la personne à intégrer les bénéfices de l'hypnose dans son quotidien.

B. Prendre en compte les particularités sensorielles
   - Il est crucial d'évaluer les sensibilités de la personne avant une séance (par exemple, éviter un ton de voix ou une musique qui pourrait être gênante).
   - Créer un environnement prévisible et rassurant.

C. Faire participer les parents ou les proches
- Les proches peuvent être formés à utiliser des techniques d'autohypnose simples pour aider la personne autiste à gérer son anxiété ou son sommeil au quotidien.

3. Avantages de l'hypnose pour les TSA
    A. Non-invasive et naturelle : l'hypnose est une méthode douce qui respecte le rythme de la personne.
    B. Renforce l'autonomie : les techniques apprises en hypnose peuvent être utilisées de manière autonome (par exemple, pratiquer des exercices de respiration ou des visualisations).
    C. Personnalisable : les séances peuvent être adaptées aux besoins et aux préférences de chaque individu.
    D. Complémentaire à d'autres interventions : l'hypnose peut être combinée avec d'autres approches, comme les thérapies comportementales ou les outils éducatifs.

4. Limites et précautions
    A. Ne pas forcer : l'hypnose doit être introduite de manière progressive et adaptée. Certaines personnes autistes peuvent être réticentes à fermer les yeux ou à se laisser guider par une voix.
    B. Comprendre les besoins spécifiques : le praticien doit bien connaître les particularités de l'autisme et adapter son langage et son approche en conséquence.
    C. S'assurer d'un consentement éclairé : si la personne est incapable de donner un consentement clair, il est important de discuter avec les parents ou les tuteurs.

D. Travail en complémentarité : <u>l'hypnose ne remplace pas les autres interventions</u> (éducatives, médicales ou comportementales), mais agit comme un outil complémentaire.

5. Exemple pratique d'une séance d'hypnose adaptée
Contexte : gestion de l'anxiété lors des transitions.
- Introduction : expliquer à la personne que l'objectif est de se sentir plus calme et à l'aise face à des changements.
- Induction : proposer une respiration rythmée, en lui demandant d'imaginer une scène rassurante, comme un lieu familier ou un objet lié à son centre d'intérêt.
- Suggestions : introduire des visualisations où elle traverse des situations nouvelles avec succès, tout en ressentant de la sécurité et du calme.
- Clôture : revenir progressivement à l'état d'éveil en rappelant que ces sensations positives peuvent être retrouvées à tout moment.

De nombreuses personnes autistes ou leurs familles rapportent que l'hypnose peut :
- Réduire l'intensité des crises d'anxiété.
- Améliorer le sommeil.
- Favoriser une meilleure gestion des transitions et des routines.

Cependant, les résultats varient en fonction des individus, et il est essentiel d'avoir une approche personnalisée.

15. Les actes manqués :

Les actes manqués sont un concept issu de la psychanalyse, principalement développé par Sigmund Freud. Ils désignent des comportements ou des erreurs involontaires (comme oublier un rendez-vous, perdre un objet, faire un lapsus) qui, selon la théorie freudienne, révèlent des désirs ou des conflits inconscients. Ces actes ont un intérêt particulier en psychologie populaire, car ils touchent des situations du quotidien et offrent des pistes pour comprendre les motivations cachées derrière des comportements apparemment anodins.

Origine et fondement psychanalytique

A. Théorie de Freud

- Freud a exploré les actes manqués dans son ouvrage *"Psychopathologie de la vie quotidienne"* (1901).
- Il les considère comme des fenêtres sur l'inconscient, où les conflits refoulés entre les désirs (pulsionnels) et les normes (imposées par la société) s'expriment de manière détournée.
- Pour Freud, l'inconscient utilise des actes manqués pour contourner les défenses conscientes (comme la censure).

B. Mécanismes en jeu

- **Refoulement** : les désirs ou pensées jugés inacceptables sont repoussés dans l'inconscient.
- **Retour du refoulé** : sous forme d'un acte manqué, l'inconscient trouve un moyen détourné pour s'exprimer.

- Conflit intrapsychique : l'acte manqué est souvent le résultat d'une lutte entre des désirs opposés.

Types d'actes manqués
1. Oubli : ne pas se souvenir d'un nom, d'un rendez-vous ou d'une tâche (souvent associé à une émotion désagréable ou à un conflit).

2. Lapsus : dire ou écrire un mot à la place d'un autre, révélant un désir inconscient.
    - Exemple célèbre : dire "Je déclare la guerre" au lieu de "Je déclare la paix".

3. Perte ou casse d'objets : peut symboliser un rejet inconscient d'une situation liée à l'objet.

4. Erreurs involontaires : prendre la mauvaise route ou composer un numéro incorrect (désir inconscient d'éviter une personne ou une destination).

Impact des actes manqués
A. Sur le plan individuel
- Révélation de l'inconscient : ils permettent de prendre conscience de désirs, peurs ou conflits refoulés.
- Impact émotionnel : certains actes manqués peuvent provoquer de l'embarras, de l'inquiétude ou de la frustration.
- Développement personnel : une introspection autour de ces actes peut aider à mieux se connaître.

B. Sur les relations sociales
- Malentendus : un lapsus ou un acte manqué peut être mal interprété par autrui.
- Moments de tension : par exemple, oublier une date importante (comme un anniversaire) peut générer des conflits.

Théories complémentaires et critiques
A. Approche psychanalytique classique
- Freud et ses successeurs (notamment Lacan) considèrent les actes manqués comme des manifestations essentielles de l'inconscient.
- Ils mettent l'accent sur leur dimension symbolique et leur lien avec les conflits psychiques.

B. Critiques et alternatives
1. Explications cognitives :
   - Les psychologues modernes attribuent parfois les actes manqués à des erreurs d'attention, de mémoire ou de surcharge cognitive, sans faire intervenir l'inconscient.
   - Exemple : oublier un rendez-vous en raison de la fatigue ou d'une liste de tâches surchargée.

2. Approches comportementales :
   - Les actes manqués sont perçus comme des réponses mal adaptées à des stimuli ou à des situations stressantes.

3. Limites de l'interprétation freudienne :
   - Certaines erreurs peuvent être purement accidentelles et ne pas avoir de signification inconsciente.

Perception populaire
- Dans la culture populaire, les actes manqués (notamment les lapsus) sont souvent interprétés avec humour ou curiosité.
- Ils sont parfois surinterprétés comme révélateurs de vérités cachées, même lorsque l'origine peut être triviale.

Exemple : une personne oublie un rendez-vous chez le dentiste.
- Interprétation freudienne :
  - Désir inconscient d'éviter la douleur ou l'inconfort lié au soin.
  - Refus inconscient de reconnaître une peur de l'intervention.
- Interprétation cognitive :
  - L'oubli est dû à une surcharge d'informations ou à un mauvais système d'organisation (par exemple, ne pas l'avoir noté).

Comment les actes manqués peuvent-ils être utiles ?
- En thérapie : identifier les actes manqués peut ouvrir un dialogue sur des conflits inconscients.
- En introspection : réfléchir à ses lapsus ou oublis peut aider à mieux comprendre ses émotions et ses désirs.

- Dans les relations : reconnaître et expliquer un acte manqué peut améliorer la communication et réduire les malentendus.

16. Les synchronicités :

Les synchronicités sont des événements ou des coïncidences significatives qui semblent reliés de manière non-causale, mais qui portent une signification particulière pour la personne qui les expérimente. Ce concept a été introduit par le psychiatre suisse Carl Gustav Jung, qui le considérait comme une manifestation de l'interconnexion entre l'esprit humain et le monde extérieur. Ce n'est pas seulement la coïncidence qui importe, mais la signification personnelle qu'on lui attribue.

Origine et théorie de Jung
A. Contexte historique
- Carl Gustav Jung a introduit la notion de synchronicité dans les années 1920-1930, puis a approfondi ce concept dans les années 1950, notamment dans son livre *"Synchronicity: An Acausal Connecting Principle"*.
- Collaborant avec le physicien Wolfgang Pauli, Jung a exploré les liens entre la physique quantique et la psychologie pour expliquer ces phénomènes.

B. Théorie de la synchronicité
- Jung considère les synchronicités comme des manifestations de l'inconscient collectif, un réservoir partagé de symboles et d'archétypes.
- Elles seraient des points de convergence entre :

- o   Le monde intérieur (psyché, inconscient, pensées).
- o   Le monde extérieur (événements physiques).
- Selon Jung, ces événements révèlent une interconnexion sous-jacente entre l'individu et l'univers.

Caractéristiques des synchronicités
- Absence de causalité : il n'y a pas de lien logique ou physique direct entre les événements.
- Sens subjectif : la signification est unique à la personne qui vit l'expérience.
- Dimension symbolique : ces événements sont souvent associés à des symboles ou à des archétypes[4] universels.
- Contexte émotionnel fort : les synchronicités se produisent souvent dans des moments de transformation, de crise ou de quête spirituelle.

Types de synchronicités
- Rencontres significatives : croiser une personne au moment précis où vous avez besoin d'aide ou d'information.
- Symboles répétitifs : voir les mêmes chiffres (par exemple, 11h11), animaux, ou images dans des contextes différents.
- Rêves et réalité : rêver d'un événement, puis le voir se produire peu après.
- Signes dans la nature : obtenir une réponse ou un "signe" à travers un événement naturel ou inattendu.

---

[4] Modèles universels et intemporels de comportements, symboles ou figures, présents dans l'inconscient collectif, qui influencent les pensées, émotions et actions humaines.

Origines potentielles des synchronicités

A. Perspective psychologique
- L'inconscient collectif : les synchronicités seraient des manifestations d'archétypes, des symboles universels partagés par toute l'humanité.
- Projection psychique : l'esprit humain projette des significations personnelles sur des événements extérieurs.

B. Perspectives spirituelles
- Certains considèrent les synchronicités comme des messages de l'univers, des guides spirituels ou des forces divines.
- Elles pourraient être interprétées comme des "clés" qui montrent que vous êtes sur le bon chemin.

C. Perspectives scientifiques
- Bien qu'il n'y ait pas de preuve scientifique directe des synchronicités, certains théoriciens explorent des liens avec la physique quantique, notamment la notion d'entrelacement et de connexions non-locales.

Impact des synchronicités

A. Sur le plan personnel
- Renforcement de l'intuition : les synchronicités encouragent à faire confiance à son instinct ou à ses ressentis.
- Validation intérieure : elles donnent le sentiment d'être aligné avec ses choix ou sa quête personnelle.
- Transformation spirituelle : elles peuvent marquer le début ou le renforcement d'un cheminement spirituel.

B. Sur la vision du monde

- Les synchronicités poussent souvent à remettre en question une vision purement mécanique ou matérialiste de l'univers.
- Elles ouvrent la porte à une conception plus holistique et interconnectée de la réalité.

Fréquence des synchronicités

- Les synchronicités semblent plus fréquentes dans des périodes de changement ou de crise, lorsque l'esprit est en quête de réponses ou de sens.
- Elles peuvent également se multiplier pendant des périodes de pratique spirituelle active (comme la méditation ou l'hypnose).

Critiques et limites
A. Approche rationnelle

- Les sceptiques attribuent les synchronicités à des biais cognitifs, comme :
    - Biais de confirmation : tendance à remarquer les événements qui correspondent à nos attentes.
    - Illusion de causalité : perception erronée de liens entre des événements sans lien réel.
- Elles pourraient simplement être des coïncidences statistiquement probables.

B. Danger de surinterprétation
- Une attention excessive aux synchronicités peut conduire à une dépendance aux "signes" extérieurs, au détriment d'une prise de décision rationnelle.

*

*   *

Postface

J'espère que cet ouvrage vous a permis de compléter vos connaissances, afin d'offrir à votre clientèle des accompagnements plus sûrs et plus efficaces.

Ce livre constitue un des modules de mon cursus complet de formation de praticien en hypnose ericksonienne.
N'hésitez pas à me contacter si vous souhaitez vous former à cette fascinante discipline.

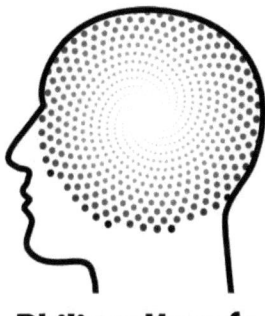

© 2025 Philippe Korn, 74520 Vulbens

Édition : BoD · Books on Demand, 31 avenue Saint-Rémy, 57600 Forbach, bod@bod.fr
Impression : Libri Plureos GmbH, Friedensallee 273, 22763 Hamburg (Allemagne)
Dépôt légal : février 2025

ISBN : 978-2-3225-6111-7